Rebecca Lutter

Sommerwege unterm Schnee

Eine Kindheit in Pommern

Langen Müller

Vorderer Vorsatz

linke Seite:

Annas Vater (links) mit Onkel Martin und Oma (1912)

Annas Mutter am ersten Schultag (1912)

Das Voßberger Haus

Anna (rechts) mit Mutter, Ulrich, Jette und Nane (1937)

rechte Seite:

Tante Ollis 78. Geburtstag (1944)

Großvater Denzer (1937)

Das Schulhaus in Holzkathen

Oma und Nonno (1937)

Annas Vater (1942)

Weihnachten im Voßberger Saal (1916)

Hinterer Vorsatz

Stolp, Hospitalstraße

© 1989 Albert Langen · Georg Müller
in der F. A. Herbig Verlagsbuchhandlung GmbH,
München
Alle Rechte vorbehalten
Schutzumschlaggestaltung: Werner Rebhuhn
Umschlagmotiv: ZEFA Bilderdienst
Satz: FotoSatz Pfeifer, Gräfelfing
gesetzt aus: Trump 10/12 Punkt
Druck und Binden: Wiener Verlag, Himberg
Printed in Austria
ISBN 3-7844-2234-9

*Den Kindern
der Kinder*

Inhaltsverzeichnis

Etwas über die Stadt und die Wahrheit 11
Das Haus 23
Der Hof 33
Weihnachten im Parterre 45
Der Garten 61
Gräber und Geschichten 71
Die anderen Großeltern 85
Wie ein Krieg anfängt 111
Kinderleben 117
Nach Stolpmünde 131
Eine unpolitische Familie 137
Zwei Soldaten 149
Das Dachgeschoß 155
Die Marienkirche und ein Pastor 171
Voßberg 183
Das hölzerne Schlößchen 193
Jägerwege 217
Das Gewitter 227
Zu Ende 235
Annas Epilog 239

*Im Traum
geh ich in Kinderschuhen
Sommerwege.
Seh das verbrannte Haus
schön aufgerichtet
unter seinen Bäumen.
Meine Zeit
ohne Angst
am Hügel hingebreitet.
Mein lachender Morgen
im Land der Füchse.*

Etwas über die Stadt und die Wahrheit

Stolp – hieß die Stadt und lag in Hinterpommern. Seit mehr als sechshundert Jahren besaß sie schon Stadtrechte an diesem Platz, die ihr 1310 von dem brandenburgischen Markgrafen Waldemar verliehen worden waren. Aber nur wenige Häuser der Altstadt zeugten noch für dieses hohe Alter, denn immer wieder hatten schreckliche Brände die Stadt verwüstet. Nur wenige Gebäude waren von der Feuerkatastrophe des 16. April im Jahre 1477 verschont worden. Nur zwei Tore, die Pfarrkirche, der Hexenturm und kümmerliche Reste der alten Stadtmauern erinnerten noch an die mittelalterliche Zeit, als Anna 1930 in Stolp geboren wurde. Renaissance- und Barockzeit prägten die bescheidenen Fassaden der Häuser um den Marktplatz, und das 19. Jahrhundert in seinen verschiedenen Stilrichtungen spiegelten Amts- und Bürgerhäuser in den größeren Straßen.
Längst war die Stadt über den engen Gürtel der alten Stadtmauern hinausgewachsen. Großzügig gegliedert, durchgrünt und durchatmet von vielen Anla-

gen, die ein kluger Stadtrat am Anfang dieses Jahrhunderts geschaffen hatte, war sie eine Stadt geworden, in der sich angenehm leben ließ. Von Süden nach Norden floß die Stolpe hindurch, ein gar nicht langweiliger Fluß mit anmutigen Ufern. Ackerland und große Wälder breiteten sich in sanften Wellenschwüngen nach allen Seiten um sie herum, und nach Norden roch man schon bald das Meer, spürte die frische Luft der Ostsee.
Stolp war durch den Handel mit landwirtschaftlichen Produkten und die Fabrikation landwirtschaftlicher Maschinen wohlhabend geworden. Bürgersinn und Bürgermaß bestimmten das Lebensgefühl der Stadt. Aber die elegante Farbe, die die Garnison ihr gab, die roten Dolmane des Husarenregimentes ›Fürst Blücher von Wahlstatt Nr. 5 (Pommersches)‹, das Selbstbewußtsein des Adels, dem die Güter rings um die Stadt gehörten, prägten sie auch und ergaben jene Mischung, auf die ihr Beiname ›Klein-Paris‹ amüsiert anspielte; obwohl doch für jeden echten Stolper in Hinsicht der großen Welt Berlin das Maß aller Dinge war.
So selbstverständlich Bürger und Adlige nebeneinander lebten und aufeinander angewiesen waren, nur außerordentlich selten ging man über dieses Verhältnis hinaus. Es gab die eine Gesellschaft, und es gab die andere. Und das war so in Ordnung.
Trotzdem hatte Mutter nie vergessen, wie sie als junges Mädchen von einem Husarenleutnant, der mit seinen Leuten nach dem Exerzieren draußen vor der Stadt zurück zur Kaserne ritt, gegrüßt worden war: Er hatte den Säbel gezogen und ihn langsam vor

ihr gesenkt. Mutter wiederholte beim Erzählen jedesmal diese beinahe kultische Bewegung mit der Hand, ganz langsam von oben nach unten, und schaute ihre Kinder dabei irgendwie herausfordernd an. ›Ja, von solchen Sachen habt ihr keine Ahnung in eurer gleichgemachten Welt‹, sollte das wohl heißen.
Die Kinder hatten die Geschichte gern. Sie hatte den Zauber des Vorübergehenden, das kaum Spuren hinterläßt. Nur diesen einen Seufzer vielleicht, den Mutter jedesmal seufzte, wenn sie von dem säbelsenkenden, adligen Leutnant erzählte und davon, wie sie am Straßenrand gestanden hatte: nicht in ihrem schönsten Kleid, sondern in irgend etwas, mit irgendeinem scheußlichen kleinen Hut auf dem Kopf und dem großen, plumpen Weidenkorb am Arm, der schwer war von Gemüse, Obst und Eiern und wer-weiß-was-noch für prosaischem Zeug, das sie gerade auf dem Markt gekauft hatte. So hatte sie dagestanden – wie angewurzelt: nicht schlank genug und nicht schön genug, sondern mit einem Mozartzopf und dem Marktkorb, und war so rot geworden wie eine Tomate. Sie mußte seufzen im Gedanken daran, aber dann lachte sie auch gleich wieder. Schließlich hatte sie schon bald auf einem Fest des Kolonialvereins im Schützenhaus den Richtigen getroffen, einen Bürgerlichen und hoffnungsvollen Juristen.
Das große Feuer vom 16. April 1477, das die mittelalterliche Stadt vernichtet hatte, blieb nicht die letzte Heimsuchung. Nach 468 Jahren, als am 8. März 1945 die Russen die Stadt erobert hatten, brannte ihr innerer Kern wiederum aus. Alles stürzte zusammen.

Nur die Mauern der Pfarrkirche St. Marien hielten stand.
Diesmal aber konnten die Bewohner ihre Häuser nicht mehr aufbauen. Der furchtbare Zweite Weltkrieg war verloren, und mit ihm verloren die Menschen der östlichen Provinzen auch ihre Heimat.

Anna war gerade vierzehn Jahre, als sie mit Mutter, Geschwistern und Großeltern die Stadt verlassen mußte. Damals hatten sie geglaubt, es wäre nur für eine kurze Zeit, bis der Krieg ausgewütet hätte. Aber mehr als 35 Jahre waren vergangen, als sie im Sommer 1980 für einen kurzen Besuch nach Stolp-Slupsk, das nun in Polen lag, zurückkehrte. Sie kam mit ihrem Mann und den Kindern, die schon älter waren als ihre Mutter damals 1945.
Anna fand noch die alten Straßen mit den großen, grauen Steinplatten auf dem Bürgersteig, über die sie zur Schule mehr gehüpft, als gelaufen war – bloß nicht auf die Ritze treten! Das hätte irgendein unbekanntes Übel heraufbeschworen. Die Hausnummern waren die alten, auf den alten Schildern, nur die Straßennamen hatten sich verändert, waren unaussprechlich polnisch geworden.
Aber Annas Füße gingen nicht auf den wirklichen Straßen. Es war, als bewegte sie sich auf einer anderen Ebene – über oder unter der Wirklichkeit. Ohne äußeren Anlaß hielt sie im Gehen manchmal an: stand und weinte und konnte kaum ein Ende finden. Dann wieder begann sie zu laufen vor Glück, wollte alles ganz schnell wiedersehen, es durchqueren, umkreisen, ausgelassen vor Freude,

als wäre ihr etwas lang Ersehntes geschenkt worden.
Zuletzt stand sie am ›Rosengarten‹. Rosen und Linden blühten und dufteten um die Wette. Polnische Kinder spielten dort auf den Parkwegen. Sie waren in dieser Stadt geboren worden, lebten mit Eltern und Großeltern schon länger in Slupsk, als Anna in Stolp gelebt hatte.
Ihre Stadt war es – und doch nicht ihre Stadt. Beides war richtig. Beides zusammen ergab die paradoxe Wahrheit, von der Schopenhauer sagt, daß ein Menschenleben nicht ausreiche, sie zu begreifen.
Natürlich mußte Anna wiederkommen. Und als sie 1988 zum dritten Mal zu Besuch in Hinterpommern-Pomorze war, zeigte ihr die Natur – denn diesmal hatte sie mehr Zeit, mehr Ruhe, sich umzusehen – das Bild zu der Philosophenweisheit. Es war eine ganz natürliche Sache und bleibt doch eine seltsame Geschichte: Es ist die Geschichte von einem Baum, von einem besonderen Baum natürlich, denn solche gibt es ja. Diesem galt die Zuneigung der ganzen Familie; alle liebten und verehrten den Baum wie eine Art Urahn. Und doch war er nichts als eine große Tanne – aber eben *die* Große-Tanne.
Bäume können nicht fliehen, das liegt in ihrer Natur. Sie müssen an dem Platz bleiben, an dem sie vor langer Zeit Wurzeln geschlagen haben. Waren sie den Menschen lieb und wichtig, werden die Gedanken der Geflohenen und Getrennten gerne zu ihnen zurückkehren, als hätten die Bäume etwas Wesentliches von all dem Verlorenen behüten und bewahren können.

Lange vor Annas Geburt – vermutlich schon vor der Geburt der Eltern – war sie gepflanzt worden. Erst 1932, als der Baum schon etwa dreißig Jahre alt war und Vater und sein Freund Franz das Waldgut bei Zollbrück pachteten, hatte man sich kennengelernt. Das war dann allerdings Liebe auf den ersten Blick gewesen. Die Tanne stand ein wenig unterhalb, auf der halben Höhe des Berges, da wo er schon ziemlich steil zum Bach und zur Wiese abfiel.
War es nicht verwunderlich, daß der große Baum in diesem Gelände so gut und fest wurzelte? Er überragte alles weit und breit. Und alles an ihm war Ruhe, Sicherheit, Aufrechtsein und Leben: ein schöner, gesunder Baum. Bis zum Boden reichten die weit ausgreifenden Zweige. Die Kinder konnten sich ihnen nicht gut nähern, weil es zu sehr piekte und kratzte. Kein Versteckplätzchen war dort zu finden. Die Tanne hielt auf Abstand. Sie war eine ›Einzelne‹ und eine Augenweide.
Im Jahre 1938 ließ Vater den Baum malen – wie ein Familienoberhaupt für die Ahnengalerie. Tagelang saß der Maler draußen vor der Staffelei und mischte zwischen Morgen- und Mittagslicht die Farben für sein Werk. Ein wenig nach links verschoben, aber doch die einzige, herrliche Hauptsache, erschien die Tanne vor einem luftig bewölkten Himmel. Hinter ihr verloren sich die Wälder im Dunst, neben ihr war alles klein und unbedeutend.
Über das vollendete Kunstwerk waren sich alle einig: Nicht so schön wie die Wirklichkeit!
»Aber wahrscheinlich«, meinte Mutter realistisch,

»könnte das, was wir alles in sie hineingucken, überhaupt kein Maler treffen.«
Und so gab man sich zufrieden. Das Gemälde wurde in der Stadtwohnung überm Flügel aufgehängt, und man konnte im Winter anschauen, was der Sommer als schönere Wirklichkeit bringen würde.

Warum nur hatten sie das Bild nicht mit auf die Flucht genommen? Warum hatte Mutter es nicht mit einem scharfen Messer aus dem Rahmen geschnitten und zwischen die vielen überflüssigen Sachen in den Koffer gelegt? Es wäre doch wichtig gewesen. Tatsächlich träumte Mutter später oft, sie hätte es gerade so gemacht; aber das war ein Traum. Einzig die Fotoaufnahme – schwarzweiß und ein wenig unscharf – war gerettet worden. Wenn das Familienalbum an dieser Stelle aufgeschlagen wurde, beugten sich alle nachdenklich darüber und sagten, immer noch mit einem ehrfürchtigen Unterton: »Ja, die Große-Tanne.«
Die Nichteingeweihten sahen nichts als einen gewöhnlichen, allerdings hochgewachsenen Baum, aber die Mitglieder seiner Familie sagten andächtig: »Ja, die Große-Tanne.« Und alles, was das Denken an Zuhause bringen kann, lag auch in dem Satz: die Freude und das Glück, sich zu erinnern, der Schmerz aus der Trennung, Heimweh und schließlich auch das Sichfügen ins Gewordene.
Bei ihrem ersten Besuch, 35 Jahre nach der Flucht, war Anna, kaum daß sie die Stadt wiederentdeckt hatte, zum Voßberg hinausgefahren. Das Haus, sie wußte es, war verbrannt oder zerstört, es war auf je-

den Fall verschwunden. Aber was war aus der Großen-Tanne geworden? Sie suchte im fremdgewordenen, verwilderten Gelände, zerkratzte sich Arme und Gesicht und verlor die Orientierung. Nirgends ließ sich ein Überblick gewinnen. Aber die Tanne, die große, einzelne, hätte man ja sofort erkennen müssen, auch wenn ein fünfunddreißigjähriges Dikkicht sie umgab. Doch sie zeigte sich nicht. Auch sie war also verschwunden, und das mochte so richtig sein. Haus und Menschen hatten den geliebten Platz verloren, warum sollte die Große-Tanne noch da sein?

Auch fünf Jahre später, bei ihrem zweiten Besuch, fand Anna kaum eine alte Spur am Voßberg, den der Wald nun immer mehr geschluckt hatte. Wenigstens den Platz der Großen-Tanne hatte sie finden wollen. Es konnte doch so ein Riesenbaum nicht spurlos verschwinden!

War er geschlagen worden, so mußte sein Stumpf zu finden sein, war er umgestürzt, lag doch wohl ein Wurzelballen irgendwo zwischen den kleineren Bäumen. Sie versuchte einen bestimmten Pfad wiederzufinden, glaubte auf einer Spur zu sein – und fand keine Wurzel und keinen Stumpf. Die Große-Tanne blieb verschwunden.

Es vergingen drei Jahre, bis Anna zum drittenmal – nun aber zusammen mit ihrer Schwester – nach Pommern reisen konnte. Diesmal wohnten sie in einem Haus nicht weit vom Voßberg und hatten viel Zeit. Sie lernten von einem polnischen Förster, wie ein Baum, wie ein Wald sich in vierzig Jahren verändert, was man zum Beispiel aus einem plötzlich wechselnden Bodenbewuchs erkennen kann; kurz, sie suchten mit besseren Augen und fanden den alten Brunnenschacht, dessen Lage auf dem Berg sie genau in Erinnerung hatten. Sie entdeckten Kellergemäuer, fanden die Eichen wieder, die vorm Haus gestanden hatten und immer noch dastanden, nur undeutlicher durch Gestrüpp und Geranke, das sie umgab und nicht so mächtig, wie sie erwartet hatten. Sie zogen in Gedanken Linien: Da hatten sie früher gestanden, das Haus im Rücken, um weit ins Land hinaussehen zu können. Vor ihnen fiel das Gelände ab, nicht so dramatisch, wie die Kinder es in Erinnerung behalten hatten, aber doch ziemlich steil. Das Rotwild hatte, seit die Menschen den Platz verlassen hatten, da seine Suhle. Wie gut sie den hellen Sand kannten! Wie weich war er ihnen durch die Finger gelaufen. Früher allerdings hatten sie den Sand nur am Eingang zu einem Fuchsbau oder am Wegrand gefunden, früher hatten, wo sich jetzt das Rotwild im Sand badete, kleine Kiefern, gelber Ginster und viele blaue Lupinen gestanden. Und noch ein bißchen weiter unten? Ja, da wo viele dünne Stämmchen den Blick verstellten, wo jetzt alles schattig und so abgestorben schien, da ...! Wie von einer unsichtbaren Hand gezogen, liefen die Schwestern den Hang hinab, nicht wie früher auf dem blanken Weg, sondern mitten durch die Sand-Suhle, zwängten sich durch das Stämmchendickicht und sahen – nein fühlten, noch ehe sie sahen – den glatten hellbraunen Stamm. Und oben, ganz oben fanden die Augen vor dem zart bewölkten Sommerhimmel den grünen Wipfel der Großen-Tanne. Sie um-

armten, einander gegenüberstehend, das feste Holz, und ihre Fingerspitzen berührten sich gerade noch.
Sie hatten sie wiedergefunden! Sie war noch da! Sie war lebendig! Die Vergangenheit suchen, ist eine besondere Sache. Es geht nicht so einfach und nützt nichts, nur Landkarten und Wege zu kennen. Anna und ihre Schwester verstanden erst jetzt, was sie vorher schon gewußt hatten, daß sie niemals mehr die Vergangenheit, sondern nur die Gegenwart finden würden. Aber unter glücklichem Vorzeichen war diese Gegenwart durchsichtig geworden und hatte das Vergangene so nahe herangeführt, daß sie es wiedererkennen konnten.
Die Große-Tanne hatte all ihre weit ausschwenkenden Zweige in Bodennähe verloren, weil andere, kleinere Bäume und Sträucher an sie herangerückt waren, sie bedrängt und beschattet hatten. Erst in sieben oder acht Metern Höhe trug der Baum grüne Zweige. Das hatte seine Gestalt stark verändert.
Während die Schwestern wieder und wieder und in der größten Freude ihre Augen vom Boden hinauf bis zum letzten Zweig der Großen-Tanne wandern ließen, zeigte sich ihnen ganz langsam die einschneidendste Veränderung der Baumgestalt: Da, wo die grünen Zweige ansetzten, hatte sich der Stamm geteilt. Es waren keine Wunden zu erkennen, wie vom Blitz oder Sturm; der Stamm hatte sich an dieser Stelle einfach geteilt, war gleichmäßig und ungestört weitergewachsen und bildete nun einen Wipfel aus zwei Stämmen. Beide waren gleich hoch.
Der polnische Förster, nach dem Alter der Tanne gefragt, hatte ohne Zögern »etwa neunzig Jahre« ge-

sagt. Der Pole, der den alten Baum in seinem Revier genau kannte und ihn wachsen ließ, hörte nun von den Deutschen die ganze Baumgeschichte. Gemeinsam sahen sie hinauf zu der Stelle, wo der nackte Stamm sich teilte und wieder grüne Zweige trug. Keiner von ihnen sprach aus, was so nahe lag, weil es doch zu unbegreiflich, zu geheimnisvoll erschien, was mit der Großen-Tanne 1945, im Jahr der Trennung, geschehen war. Die paradoxe Wahrheit zu begreifen, dazu reiche ein Menschenleben nicht aus, hatte Schopenhauer gesagt; aber es war Anna, als könnte sie die Wahrheit doch wenigstens anschauen im Bild dieses Baumes.

Das Haus

Es ist Sommer.
Immer beginnt Annas Erinnerung im Sommer.
Immer ist die Straße von hellem, warmen Licht erfüllt und der Himmel darüber zartblau. Einzelne weiße Wolken segeln nach Westen. Kinder in bunten Kleidern stehen vorm Haus und winken einem Auto nach.
Und es war doch Winter, als sie fortmußten!
Es war der 28. Januar 1945, als sie die schnell gepackten Sachen in einen Lastwagen luden und zwischen Bettsäcken, Kisten und Koffern, zwischen Matratzen und Teppichrollen einen Platz für die Nacht suchten.
An diesem 28. Januar waren sie Flüchtlinge geworden: Nonno und Oma, Mutter, Anna und ihre vier Geschwister, die Tante, die vier Cousinen und der kleine Vetter und Maria Zaplapp, die Ukrainerin. Die vierzehnjährige Anna war das älteste, der kleine Vetter, erst vor drei Monaten geboren, das jüngste der Kinder. Plötzlich hatte das große Auto vor der Toreinfahrt gestanden.

Zwei Soldaten waren aus dem Fahrerhaus gesprungen:
»Es ist soweit!« hatten sie gerufen. »Es ist eilig!«
Als wäre ein ängstlich verschlossenes Tor von einer Riesenfaust aufgerissen worden, so fühlten sich alle plötzlich in einem unwiderstehlichen Sog, der nur eine einzige Richtung hatte.
Die Soldaten wollten versuchen, mit ihnen nach Westen durchzukommen, so weit wie möglich nach Westen.
Das Wunder, an das viele Menschen so gerne hatten glauben wollen, würde also nicht geschehen. Es gab keine Wunderwaffe. Die russische Armee bewegte die ausgebreiteten Zangenarme immer schneller aufeinander zu. Bald schon würde Hinterpommern eingeschlossen sein, und da gab es kein Entkommen mehr.
Wieviel Zeit zum Packen?
Vierundzwanzig Stunden!
Hatte Mutter in Gedanken schon vorher Koffer für die Flucht gepackt? Sie konnte es jedenfalls. Ohne Zögern, ohne gefühlvolle Kommentare entschied sie, wußte gleich, was eingepackt werden und was dableiben mußte.
Sie hatte niemals daran geglaubt, daß sie eines Tages fliehen müßte. Sie hätte, sagte sie, überhaupt keine Phantasie gehabt, sich etwas so Ungeheuerliches vorzustellen.
Aber der Großvater hatte in den letzten Wochen seines Lebens immer wieder zu seiner Tochter davon gesprochen. »Aus diesem Krieg wird nichts mehr. Ihr werdet fortmüssen, bald schon!«

Das hatte er immer wieder gesagt und hatte ihr auch drei feste, fein gewebte Leinensäcke gegeben: »Stopfe für jeden von euch bezogenes Bettzeug hinein und jedes Stück Gold oder Silber, das du besitzt. Nur dafür wirst du bei den Siegern für deine Kinder etwas zu essen eintauschen können.«
Für sich selber hatte er nie eine Flucht geplant. Er war 75 Jahre alt und beinah gelähmt und hoffte wohl, er würde, wie es dann auch geschah, vorher sterben dürfen. Aber immer wieder hatte er der Tochter im August 1944 Ratschläge gegeben, kluge, vernünftige und wirksame Ratschläge.
Als Mutter vier Monate nach seinem Tod ganz schnell handeln mußte, war es – so erzählte sie später – als ob ihr jemand diktieren würde, was zu tun sei. Sie wählte unter all den Dingen, die sie früher doch gern gehabt hatte, so kühl und distanziert aus, als wären es fremde.
Sie sagte auch nirgendwo Adieu. Es waren ja alle Menschen mit Fortgehen beschäftigt. Jeder suchte einen Zug, ein Schiff, ein Auto nach Westen. Schon gleich nach Weihnachten waren einige Mädchen aus Annas Klasse fortgeblieben, einfach so, ohne Entschuldigungszettel, und kein Lehrer hatte weiter nachgefragt. Das war unerhört! Eine Schule, in der wohl weiter unterrichtet wurde, aber niemand mehr auf der Anwesenheit der Schüler bestand! Da ging die Welt aus den Fugen!
War es beängstigend?
Es war *auch* aufregend!
Alles geriet auf einmal in eine unbekannte Bewegung. Niemand wußte genau, was kommen, was

hereinbrechen würde. Eine große Unruhe, ein hastiges Hin und Her, als müßte die ganze Welt neu eingerichtet werden, breitete sich immer weiter aus. Mutter sagte niemandem Adieu, nur Anna wurde noch einmal ausgeschickt, da und dort Bescheid und Aufwiedersehn zu sagen. Sie fühlte sich wie eine Figur aus einem ihrer geliebten Abenteuerromane, wie ein Bote, der Ungeheuerliches zu melden hat, das anderen passiert ist:
»Wir fahren heute nacht.«
»Wohin?«
»Nach Mecklenburg zu Tante Lucie und Onkel Adolf.«
Hatte jemand gesagt, das wäre nicht sehr weit? Anna lief durch die winterdämmerigen Straßen, und die Stimme, wie eine festgehakte Grammophonplatte, hörte nicht auf zu wiederholen:
›Das ist aber nicht sehr weit.‹
Anna war noch niemals in Mecklenburg gewesen, aber es hatte ihr immer geklungen, als läge es sicher, weit und sicher, hinter vielen Flüssen und Bergen. War es *nicht* weit? – Was war denn ›weit genug‹?
Sie wollte nach Hause, schnell zurück zu Mutter, die zweifelnde Stimme nicht mehr hören. Und wußte doch plötzlich ganz genau: Ich bin nicht nur ein Bote. Es ist schlimmer! Viel schlimmer.
Am Abend hatten sie das Radio noch einmal angedreht: Vielleicht ließe sich aus den Meldungen erraten, ob die Straßen nach Westen noch frei wären. Aber statt der Stimme des Nachrichtensprechers tönte der gefühlvolle Wilhelm-Strienz-Bariton aus dem braunen Gehäuse: »Heimat, deine Sterne«,

sang er, »sie strahlen mir auch am fernen Ort ...«.
Wie gut Anna die Melodie kannte, wie oft hatte sie mitgesummt und sich dabei so angenehm gefühlt, als zerginge ihr ein Schokoladeplätzchen auf der Zunge. Da sah sie Mutter in der Tür stehen und hörte sie mit kalter und zugleich zorniger Stimme beinahe schreien: »Was für ein Kitsch! Mein Gott, was ist das bloß für ein widerlicher Kitsch! Dreh den Kasten aus!«

Mutter, die, seit das Soldatenauto vor der Tür stand, noch keine Sekunde ihre Ruhe verloren hatte, gab plötzlich nach, setzte sich schwerfällig auf den Überseekoffer und weinte so schrecklich, wie die Kinder es noch nie gesehen hatten. Anna und Nane hockten gemeinsam im grünen Sessel am Ofen und weinten auch – wegen Mutter, wegen der Musik, wegen allem und allem. Etwas wurde nun im wahrsten Sinne des Wortes immer schwerer. Ein unbekannter Schmerz saß in allen Gliedern, ohne daß man es verstand.

Als die Koffer schon alle heruntergetragen waren, ging Mutter noch einmal in Gedanken durch die Wohnung. In der Küche sah Anna sie automatisch nach einem halb geleerten Glas Gänseleberwurst greifen, um es zu verwahren. Nur zu besonderen festlichen Gelegenheiten waren in letzter Zeit solche kostbaren Vorräte aus dem Keller geholt worden. Doch an diesem letzten Tag hatte Mutter einen ganzen Korb voller Weckgläser auf den Küchentisch gestellt, und jeder hatte sich genommen, soviel er wollte.

Nun stand das halbleere Glas vergessen auf dem Kü-

chentisch, und ganz mechanisch wollte Mutter tun, was sie immer getan hätte, aber ehe noch die Hand das Glas erreichte, hielt sie plötzlich in der Bewegung inne, als stieße sie auf einen unsichtbaren Widerstand. Mutters Haltung veränderte sich in einem Sekundenbruchteil, wurde starr und gespannt; wie etwas Fremdes zog sie Arm und Hand an sich heran und verließ die Küche mit einer abrupten Wendung, verließ die Wohnung, ohne sich noch einmal umzudrehen. Anna folgte ihr wie in Trance durchs Treppenhaus. Die Soldaten verriegelten die Lkw-Türen hinter ihnen und zündeten den Motor. Anna hatte nicht bemerkt, daß ihre Schultasche mit den Lieblingsbüchern und dem geblümten Poesiealbum am Tor stehengeblieben war. Das Verlieren hatte schon begonnen.
In einem kalten, fensterlosen Kasten fuhren sie aus ihrer Straße, aus der Stadt, aus einer Lebenszeit und waren glücklicher dran als viele, denen das Fortgehen verboten war. Sie konnten nicht hinter sich blicken und nicht voraus. Sie hofften nur, der Holzgasgenerator, der das Auto antrieb, würde nicht ausgehen. Sie waren auf der Flucht.

Aber immer beginnt die Erinnerung im Sommer.
Das Haus im Sommer.
Die Backsteinfassade ist über und über bewachsen mit wildem Wein. Glänzendes Grün bewegt sich leicht über dem dunklen Rot der Steine. Drei Fensterreihen liegen übereinander. Vor den Mittelfenstern im ersten und zweiten Stock hängen Balkone.

Und oben, im blechgedeckten Dach, sieht man die Gaubenfenster der Mansardenwohnung.
Tritt man rechts durch das große Tor, öffnet sich hinter der schattigen Durchfahrt ein langgestreckter Hof, der viel Licht hat, weil er nach Osten zu nur von niedrigen Gebäuden begrenzt wird. Aus der Tordurchfahrt steigt die breite, hellgestrichene Holztreppe nach oben bis zur Mansardenwohnung unterm Dach. Annas Familie wohnte im zweiten Stock, der Großvater im Parterre. Die Rathauslinden schauten in die Fenster, und im Winter, wenn die Kinder oft viele Tage lang krank im Bett lagen, sahen sie die Raben um den Rathausturm fliegen – unermüdlich, den ganzen Tag.
Das Haus gehörte dem Großvater. Er hatte es im Jahre 1895 als Sicherheit für eine Bürgschaft bekommen, die er einem Freunde gab. Als der Freund zuletzt doch Bankrott machte, kaufte der Großvater ihm auch die kleine Reparaturwerkstatt für Landmaschinen hinten im Hof ab und stellte damit sein eigenes Leben auf ganz neue Füße. Der Fleischergeselle und Viehhändler fing den Handel mit Landmaschinen an und hatte Erfolg.
Schon nach wenigen Jahren waren Hof und Werkstatträume hinterm Haus zu eng geworden; nicht weit entfernt und noch dicht am Stadtkern, kaufte der Großvater ein neues, weitflächiges Grundstück: Montagehallen wurden gebaut, bald eine Eisen- und Metallgießerei, dann die Kesselschmiede und viele andere Werkstätten, zuletzt das Kontorhaus am Eingang zum Fabrikgelände. Mit einer fünfköpfigen Belegschaft hatte der junge Großvater damals angefan-

gen; zweihundert Menschen beschäftigte er, als der Krieg begann und er weiter Chef bleiben mußte, weil sein Sohn Soldat wurde. Bis die Nazis die Regierung der Stadt übernahmen, war er viele Jahre Stadtrat und stellvertretender Bürgermeister gewesen. Er war ein ›Selfmademan‹ und ein angesehener und geachteter, wie man zum 40jährigen Fabrikjubiläum in der »Zeitung für Ostpommern« im November 1935 lesen konnte.

Seine Wohnung behielt der Großvater auch nach dem frühen Tod seiner Frau immer im ›Bürgschaftshaus‹ an der Hospitalstraße. Dort ließ es sich gut wohnen: Vier große Zimmer gingen auf die Straße, drei andere zum Hof, und dann kam noch der Haushaltstrakt mit Küchenräumen, Mädchenzimmer und dem Familienbad mit Toilette. Das berühmte ›Gäste-WC‹ unserer Tage, gleich neben der Eingangstür, war damals unbekannt. In den Wohnräumen gab es unversiegelten Parkettfußboden, in den übrigen Zimmern gestrichene Holzdielen, und in jedem Raum, auch im Familienbad, stand ein weißer Kachelofen.

Oft wanderten beim Schularbeitenmachen Annas Augen weg von den Büchern und Heften zu den Rissen des Ölanstrichs über den Dielenfugen. Immer blieb in ihnen ein bißchen Staub oder ein Fädchen von irgend etwas hängen. Aber von dem Leben, von den Menschen, die vor ihnen in der Wohnung gelebt hatten, war gar keine Spur geblieben.

Einmal war etwas Schreckliches passiert: Da, wo jetzt Vaters Arbeitszimmer eingerichtet war, hatte

sich vor vielen Jahren ein Mensch, ein General Wilhelms II., erschossen. Im Winter 1916, im Ersten Weltkrieg, war beim Vormarsch in Frankreich ein schwerwiegender Fehler geschehen. Der Kaiser machte diesen General dafür verantwortlich und entließ ihn in Ungnaden. Der General hatte sich mit seiner Familie nach Hinterpommern zurückgezogen und hätte in Stolp ein angenehmes Leben führen können. Aber so war er nicht gemacht, und so war er nicht erzogen. Sein Stolz hatte eine lebensgefährliche Wunde bekommen, und das zählte mehr als alles andere – auch mehr als seine Frau und vier Kinder.
Seine Beerdigung wurde mit allem gehörigen Pomp begangen, denn nun lag kein Schatten mehr auf seiner Ehre. Auch aus Berlin traf eine ›Hohe Trauergesellschaft‹ ein. Ob auch der Kronprinz dabei war, wußte Mutter nicht mehr so genau, aber sie wußte noch, daß ihr Vater, Annas strenger Großvater, eine Kutsche für den Trauerzug stellen durfte. Der Kutscher trug einen langen Trauerflor am Zylinder, auch die Peitsche trauerte, und die Pferdeköpfe waren mit schwarzen Rosetten geschmückt. In den Wagenlaternen an beiden Seiten brannten die Lichter gedämpft unter einem schwarzen Tüllmantel.
Die Geschichte des unglücklichen Mannes hatten die Mauern für immer geschluckt, wie sie auch – dreißig Jahre nach der Flucht – von Annas Familie nichts mehr erzählen konnten.

Der Hof

Natürlich besaß die große Wohnung im zweiten Stock auch einen Hinterausgang. Da führte eine Treppe direkt zum Hof hinunter, und auf dem Treppenabsatz stand die riesige Kohlenkiste neben dem Holzkorb und den Heizutensilien.
Der Hof war für die Kinder das Beste an Großvaters Haus. Er war ihr Revier. Ein Revier nicht nur zum Spielen, mehr noch zum Stöbern, zum Herumgukken und ›Etwas-erwarten‹. Auf dem Hof fing die Welt an. Wohl konnte Mutter ihn von oben, vom Küchenfenster aus ganz gut überschauen; aber wenn man sich nur fest genug an die Hausmauer preßte, war man ihrem Blickwinkel entzogen. Man konnte sich aber auch unter dem Rollwagen verstecken und warten, bis das Herzklopfen unerträglich wurde, weil man dem Rufen so lange widerstand, und dann leise, leise die Treppe raufrennen und plötzlich hinter ihr stehen, während sie noch unruhig aus dem Fenster guckte.
Wenn es regnete, machten die Kinder gerne einen Besuch bei Elisabeth Schulz, der ›Kaiserlich-königli-

chen Forstsekretärswitwe‹ – so konnte man es auf dem ovalen Porzellanschild an ihrer Wohnungstür lesen. Frau Schulz lebte, seit ihr Mann gestorben und der Kaiser 1918 nach Holland ins Exil gegangen war, in einer der kleinen Hinterhauswohnungen wie in einer anderen Welt. Sie kümmerte sich nicht um die neuen Mächtigen, sie hielt dem Kaiser die Treue und hütete ein kleines Privatmuseum, das die Kinder jedesmal wieder mit Staunen und einer Art Grausen betrachteten.

Die Wände in ihrem Wohn- und Schlafzimmer waren mit Fotografien beinahe tapeziert: »Lauter Mitglieder des Kaiserhauses!« erklärte Frau Schulz mit großer Geste und ließ die Augen gefühlvoll von Wand zu Wand wandern. Der Platz überm Sofa aber war nur für den Kaiser Wilhelm II. und seine Frau, Auguste Viktoria, mit ihren vielen Kindern reserviert. Der Kaiser, ein schöner Mann, trug auf jedem Bild eine andere Uniform und immer einen riesigen, hochgezwirbelten Schnurrbart, während seine Frau nicht so hübsch aussah, wie Anna sich eine Kaiserin gewünscht hätte. Und dann die vielen Prinzen! Namen schwirrten durchs Zimmer; aber nur einer blieb hängen: Eitel Friedrich! Wie konnte man nur Eitel Friedrich heißen!

Zuletzt wurde der größte Schatz von der Wand genommen und zur andächtigen Betrachtung auf das Fensterbrett gelegt: eine Fotografie des Kronprinzen als Tennisspieler mit Autogramm. Als Annas naseweise Schwester erklärte, er hätte doch viel Ähnlichkeit mit Onkel Franz, wurde Frau Schulz beinahe böse. »Ihr kennt ihn eben nicht!« sagte sie kurz und hängte das Bild wieder an den Nagel. »Das ist nun wirklich eine andere Welt.« Auch Dankschreiben vom Hofe, gerahmt und mit gestickten Fähnchen geschmückt, konnte man sehen, und auf dem Vertiko, neben trübe gewordenen Kristallschälchen, in denen Frau Schulz getrocknete Blumen und verblaßte Schleifen aufbewahrte, stand die Tasse mit goldener Schrift, ein kaiserliches Geschenk zum Dienstjubiläum des Forstsekretärs.

Frau Schulz erzählte den Kindern die traurige Geschichte von der Vertreibung des Monarchen. Nun war ›unser Kaiser‹ also in Appeldoorn.

»Und was macht er da?«

»Na, er wartet natürlich, bis er wieder zurückkommen kann, bis der Spuk vorbei ist!«

»Welcher Spuk denn?«

»Ach Kinder, was weiß ich!« sagte Frau Schulz und guckte in Gedanken aus dem Fenster. »Aber ich sehe euch vor mir, wie ihr wieder den Hofknicks lernen werdet. Schaut mal her!« Die alte Frau raffte den langen schwarzen Rock und sank gerührt in die Tiefe, obwohl sie zu dick dazu war und zu kurzatmig. Aber wenn sie aus ihrer Verneigung wieder emportauchte, strahlten ihre Augen, als hätte sie Hofluft geatmet.

Kornblumen waren ihre Lieblingsblumen, weil auch die schöne und gute Königin Luise die blauen Feldblumen so geliebt hatte. Und wenn sie so richtig in Schwung kam, holte sie auch die häßliche schwarze Brosche aus der Schublade und rief: »Gold gab ich für Eisen! Aus meinem Schmuck ist eine Kanone geworden!«

Das kam den Kindern grausig vor. Aber Frau Schulz

vertiefte das trübe Kapitel nicht, sondern erzählte von diesem und jenem, bis alles ein wunderbares Durcheinander war und Anna den Kaiser Wilhelm mit der schönen Luise samt Napoleon und Bismarck durch den ›Apfelgarten in Appeldoorn‹ spazieren sah, und wie sie alle warteten – wie der Kaiser Barbarossa – daß sie auf die wirkliche Erde zurückkommen dürften.
Immer trug sich Frau Schulz wie die englische Königin Viktoria, immer lang und schwarz angezogen und die weißen Haare straff gescheitelt.

An das Hinterhaus schlossen sich Speicherräume an, die der Großvater, seit die Fabrik am Friedrichplatz aufgebaut war, an fremde Firmen vermietete. Im Kontor, das zu den Speichern gehörte, regierte in den Jahren vor dem Zweiten Weltkrieg Herr Braun, ein sehr freundlicher Herr. Wenn die Kinder zur rechten Zeit ›vorstellig‹ wurden, kriegten sie von seinem Frühstück ab: fremdes Brötchen mit fremder Teewurst drauf! Es schmeckte unvergeßlich!
Aber der gute Herr Braun ließ sie nicht nur an seinem Frühstück teilhaben, sie durften ihn auch auf seinen Rundgängen durch das Lager begleiten, das eigentlich ein Schatzhaus war, wenn man wie Anna Papiersachen und Stifte liebte. Schon wenn man eintrat, roch es wunderbar nach all dem Papier. Dann tauchten die weißen karierten und linierten Papiertürme auf, dann die Mauern aus Stenogrammblöcken und Aktendeckeln und die braunen Säulen des Packpapiers. Aber der Gipfel waren doch die Stifte! Die glänzenden angespitzten Stifte auf gelber Pappe!

Buntlackiert in den verlockendsten Farben steckten sie in Gummibandösen, die sie auf der gelben Unterlage festhielten. Man konnte mit einem Finger vorsichtig die Spitze anheben und wieder zurückschnellen lassen, wenn Herr Braun gerade wegguckte. Aber das war auch alles.

So, dachte Anna, müßte sich Aladin im Schatzberg der Räuber gefühlt haben. So etwas Ähnliches müßte er da entdeckt haben: Kisten vielleicht oder Truhen voller Stifte. Weiche und harte, bunte und schwarze. Die Drehbleistifte auf Samt, Füller mit goldenen Federn in feinen Kästchen, runde und eckige Radiergummi und Anspitzer in vielen verschiedenen Größen und Formen. So mußte es im Märchen gewesen sein.

Aber hier – nicht im Märchen – in der Wirklichkeit, hier im Speicher lagen die Stifte vor ihren Augen aufgeschichtet und festgeklemmt!

Es kam, wie es kommen mußte: Eines Mittags, der Hof war von der Sonne wie ausgemalt und ganz menschenleer. Herr Braun saß, in seine Zeitung vertieft, im Kontor, und die Speichertür stand weit offen. Unwiderstehlich, als wirke ein böser Magnet aus der Tiefe des Speichermaules, zog es Anna in das Schatzhaus, zog sie die Treppe hinauf, deren Tritte aus grauem Eisenblech waren und keine Rückwand hatten, so daß man die Füße lieber nicht so weit nach vorn setzte, zog sie immer schneller, immer weiter bis zum Regal gleich hinter den Zeichenblöcken, – und da stand sie vor den Stiften!

Sie entkam ungesehen.

Unter der Strickjacke, fest unter den linken Arm ge-

preßt, hielt sie die gelbe Pappe. Als sie am Kontor vorbeiwollte, trat Herr Braun vor die Tür: »Na, fleißig gewesen in der Schule?«
Ja, sie wäre fleißig gewesen. Nicht zu sehr natürlich! Ja, und gegessen hätte sie auch schon ... Anna machte eine Lachgrimasse und ging weiter. Aber wie ein Messer, wie viele Messer, fühlte sie jeden einzelnen Stift unterm Arm. Alles war plötzlich wie umgedreht! Keine Sekunde länger durfte sie die Stifte bei sich behalten! Weg damit, sofort! In den dunklen Hohlraum unter Großvaters Veranda schleuderte sie die gelbe Pappe, wie man einen Kieselstein übers Wasser wirft. Irgendwo in der feuchten Finsternis lagen die Stifte nun bei Spinnen und Mäusen. Nichts war mehr von ihnen zu sehen... aber vergessen waren sie noch lange, lange nicht.
Dem Speicher gegenüber, an der anderen Langseite des Hofes lagen Garagen und Remisen, denn es war die Zeit, als man noch beides brauchte: Kutschen und Autos und im Winter natürlich den Pferdeschlitten mit russischem Geläut.
Aber zwischen Remisen und Garagen gab es noch eine besondere Attraktion: die Rollkammer nämlich! War die riesige, ächzende Maschine damals schon eine altmodische Angelegenheit? – Jedenfalls wurde die Tür zur Rollkammer selten aufgeschlossen, ohne daß sich Kinder als Zuschauer einfanden. Respektvoll betrachtete man das Ungetüm, in dem die noch ein wenig feuchte Wäsche gerollt, d. h. gemangelt, wurde; aber die Wärme ersetzte man durch Druck. Ein schwerer Eichenkasten glitt, von Zahnrädern, Wellen und einem großen Schwungrad be-

wegt, in geringem Abstand über einem Holzboden hin und her. Die Wäschestücke legte man auf ein Rolltuch und wickelte sie fest um das sogenannte Rollholz, das etwa 150 cm lang war und einen Durchmesser von 15 cm hatte. Vier so präparierte Rollhölzer wurden unter den schweren Kasten geschoben, und dann begann das ›Rollen‹! Hin und her wanderte der vom Schwungrad bewegte Kasten, und unter ihm drehten sich die Hölzer mit den Wäschestücken. Alles war glatt und platt, was später von den Hölzern wieder abgewickelt und in den großen Weidenkorb gelegt wurde, und es duftete wunderbar in der Kammer.

Das war das Ende der ›Großen Wäsche‹, die in jedem einzelnen Akt ein bemerkenswertes und aufregendes Ereignis war. Große Wäsche gab es nur zwölfmal im Jahr, und die Waschtage wurden lange vorher festgelegt, denn Frau Dix, die Waschfrau, war eine vielbeschäftigte Person.

In Großvaters Haus lag die Waschküche oben unterm Dach, ganz in der Nähe des großen, luftigen Trockenbodens. Das war im Winter praktisch, aber im Sommer, überhaupt bei gutem Wetter, mußte die nasse Wäsche zum Trocknen drei Stockwerke hinuntergetragen werden.

War am Montag Waschtag, wurde am Sonnabend eingeweicht; natürlich jede Wäschesorte für sich. Die Taschentücher durften nicht zu den Oberhemden und die Leibwäsche nicht zu den Kopfkissen. Am Montagmorgen um sechs Uhr übernahm Frau Dix das Kommando über das Eingeweichte und über Emmi, Mutters Küchenhilfe, die auch mit hinauf mußte, während Tante Käte, das Kinderfräulein, für diese Arbeit nicht zuständig war.

Der kupferne Waschkessel war groß und der Bodenraum niedrig. Wenn nun angeheizt wurde, um das Wasser erst einmal zu erwärmen, dampfte es bald, als säße man in einer Wolke. Oft konnten die Kinder Frau Dix an ihrem Waschtrog kaum noch erkennen, denn der dichte Schwaden fand nur langsam aus den kleinen Bodenfenstern heraus. Später stiegen beißende Dämpfe aus dem kochenden Seifenwasser auf, daß die Augen tränten. Frau Dix, die nichts davon hielt, ein Waschbrett zu benutzen, rieb sich ihre Hände oft wund. Die Risse wurden immer tiefer und tiefer und konnten nicht heilen, weil die Hände immer wieder bald ins heiße, bald ins kalte Wasser eintauchen und reiben und wringen mußten. Also goß die Waschfrau, das hatte Mutter selbst gesehen, die Schrunden und Risse an ihren armen Händen mit Teer aus, damit die Schmerzen aufhörten.

Mit Soda wurde eingeweicht, gewaschen wurde mit Schmierseife, die man pfundweise kaufte, und mit Kernseife, die in Stücken von langen Riegeln abgeschnitten wurde. Alles mußte erst in den flachen Holztrögen vorgewaschen werden, dann wurde es im kupfernen großen Kessel gekocht. Zuletzt hob Frau Dix die heißen, schweren Wäschestücke mit einem dicken Holzstab aus dem Kochwasser in den Spülstein. Dreimal wurde gespült, und dreimal schoß das milchige, langsam sich klärende Spülwasser herunter auf den Steinfußboden, verteilte sich nach allen Seiten und floß erst allmählich dem tiefer liegenden Gulli zu.

Wenn Emmi unten auf dem Hof die Wäscheleine spannte, liefen die Kinder nebenher. Erst knüpfte sie eine Schlinge und knotete die Leine an einem Haken fest. Dann warf sie sich das aufgewickelte Seil über die Schulter und ließ es nun langsam zwischen beiden erhobenen Händen ablaufen. Sie führte es im Zickzack von einer Hofseite zur anderen, von einem Haken zum anderen, bis viele Meter Leine ausgespannt waren. Wie beim Einweichen mußte die Wäsche auch beim Aufhängen sortiert werden:
»Ich will mich über meine Wäsche freuen«, sagte Mutter, »und nicht auf ein Sammelsurium von nassem Zeug gucken!« Also kamen erst die großen Stücke, dann die Handtücher – das Monogramm immer schön nach unten –, dann eine ganze Hofbreite voller Oberhemden auf die Leine und so weiter und so weiter bis zu den Taschentüchern.
Die Kinder durften die Wäschestützen anstellen: lange, schmale Holzlatten, die oben wie ein ›V‹ geformt waren. Dort trugen sie, fest auf den Boden gestützt, die Leine und hielten sie trotz der schweren, nassen Last immer noch hoch, ein gutes Stück über der Erde.
Am Ende des Waschtages hatte Frau Dix fünf Reichsmark verdient. Das war nicht wenig, wenn man weiß, daß ein Dienstmädchen, neben Logis und Kost, dreißig Reichsmark im Monat bekam.
Ehe Krause abends mit den Pferden auf den Hof fuhr, mußte die Wäsche trocken sein, sonst gab es Ärger! Vorher aber, während die müden Waschfrauen sich mit Kaffee und Kuchen stärkten, spielten die Kinder heimlich Verstecken im Hof. Vorsichtig schoben sie

sich, Verfolgte oder Verfolger, durch die langen, feuchten Gänge, bewegten sich leichtfüßig und leise, damit ja kein Erwachsener sie entdeckte. War es der Fänger oder nur der Wind, der das Laken bauschte? Atmete jemand da hinter den Damasttüchern oder streifte nur ein Stoff den andern? Manchmal ließ Anna sich nur deswegen fangen, weil es viel zu schön, zu duftend und schwebend da zwischen den weißen Tüchern war, als daß sie hätte fortlaufen können.

Am Ende des langen Hofes, gegenüber vom Wohnhaus, lag der Pferdestall. Das war Krauses Hoheitsgebiet. Dort herrschte er über zwei schwere Zugpferde und zwei Vollblüter. Aber leider war der Kutscher Ferdinand Krause ein Kinderfeind. Er jagte sie mit unverständlichen Drohlauten aus den Ställen und scheuchte sie mit dem Peitschenstiel aus seiner Reichweite, wenn er abends den Rollwagen auf den Hof brachte und ausspannte.
Trotzdem schlichen sie ihm nach und standen, während er in der Futterkammer hantierte, heimlich bei den riesigen, streng riechenden Pferden. Kehrte er mit dem Häckselkorb unterm Arm zurück, sah er sie um die Ecke flitzen und folgte ihnen schimpfend bis vor die Stalltüre.
»Ik war ji Pudje luse!« rief er zornig, was soviel heißt wie: ›Ich werd' euch Hühner rupfen!‹ Und die Kinder schrien aus sicherem Abstand zurück:
»Krause, geh nach Hause! – Geh nach Hause, Krause!«
Aber der kümmerte sich nun nicht weiter um das

Kroppzeug und verschwand brummelnd im Stall.
Da standen sie noch ein bißchen herum. Das Spiel war vorbei. Es wurde Abend. Der Hof lag nun ganz im Schatten, und von oben hörten sie die Mutter rufen.

Weihnachten im Parterre

Der Hof war alle Tage wunderbar genug, aber zu Weihnachten verwandelte er sich wirklich. Da kaufte der Großvater alle Weihnachtsbäume, die auf dem Markt übriggeblieben waren, auf einen Schwung. Und nun ereignete sich, was in dem alten Weihnachtsgedicht erzählt wird: »Der Wald steht auf, der ganze Hain zieht wandelnd in die Stadt hinein!«
Genauso war es, wenn die Bäume, einer nach dem anderen, vom Wagen heruntergetragen und an allen Hofseiten aufgestellt wurden. Auf einmal wurde aus dem verschneiten Kopfsteinpflaster beinahe etwas wie eine Lichtung im Tannenwald.
Morgens vor der Schule besuchten Anna und Nane schnell noch ihren verzauberten Wald-Hof. »Könnten wir nicht einmal wenigstens Lichter auf alle Bäume stecken und sie zu Weihnachten anzünden?« fragten sie jedes Jahr.
Aber nein! Erst wehte der Ostwind zu stark durch die Toreinfahrt, und dann war Krieg, und man mußte mit den Kerzen sparsam sein.
Daß der Großvater sich für seinen Hof so etwas

Schönes ausdachte, konnte man ihm gar nicht leicht zutrauen; denn im Gegensatz zu dem anderen Großvater, mit dem die Kinder spaßen, phantasieren und zärtlich sein konnten, war dieser eher kühl und streng. Beim Sonntagsbesuch benahm man sich ›ordent-lich‹, wie Mutter jedesmal beschwörend hinter ihnen herrief, wenn sie schon im Treppenhaus waren. Und man schwatzte auch nicht dieses ganze unnütze Zeug, das dem anderen Großvater gerade Spaß machte.

»Deine Tochter exaltiert sich. Das gefällt mir nicht!« hatte der strenge Großvater einmal zu Mutter gesagt, als Anna ihm in den höchsten Tönen von einer Trapezkünstlerin vorgeschwärmt hatte, die nur von ihren Zähnen gehalten, an einem Drahtseil von der Spitze des Rathausturmes auf den Stephanplatz herabgeglitten war. »Du kannst ihm ruhig alles erzählen!« sagte Mutter, »aber laß diese Obertöne!« Bis zu Großvaters Tod – und das war wenige Monate bevor sie im Winter 1945 auf die Flucht vor dem Krieg gingen – feierten Kinder und Enkelkinder den Heiligen Abend in seiner Wohnung.

Nur zu dieser besonderen Gelegenheit wurde der ›Rote Salon‹, Großmutters Lieblingszimmer, das seit ihrem frühen Tod niemand mehr bewohnte, aufgeschlossen, gelüftet und geheizt. Das sagt sich leicht! Meistens machte aber der weiße Kachelofen, der so lange kalt dagestanden hatte, die größten Schwierigkeiten! Er rußte fürchterlich und hüllte die feinen, seidenbezogenen Möbel in tränentreibende Rauchwolken.

Schließlich aber wurde die Flügeltür nachdrücklich

abgeschlossen, und von irgendwelchen ›weltlichen‹ Schwierigkeiten, die sich hinter ihr ereignen könnten, war nicht mehr die Rede. Obwohl die schweren Portieren, die das Jahr über die Tür verdeckten, nun beiseitegeschoben blieben, wagte man doch nicht so dreist auf das dunkle Holz und die blanke Klinke zu schauen. Es war etwas dahinter! Etwas geheimnisvoll Lebendiges. Davon träumte man vielleicht, aber mehr auch nicht. Genauso wie auch die letzte – die große – Tür am Adventskalender vor dem 24. Dezember noch nicht einmal ein kleines bißchen geöffnet werden durfte, so oft auch der Zeigefingernagel gefühlvoll auf der vorgestanzten Türritze entlangzog. Es wäre ein Verbrechen gewesen, bestimmte Weihnachtsdinge vor dem Fest und mit gewöhnlichen Augen anzuschauen.

Zu Weihnachten gehören Geschenke, und die Geschenke der Kinder durften natürlich nur selbst gebastelt sein. Schon beizeiten begannen sie mit der Arbeit, denn selten geriet etwas auf Anhieb. Die berühmten Nachttischdeckchen mußten mindestens einmal vollständig wieder aufgetrennt werden, weil die vorgezeichneten Kreuzstiche unter den ungeschickten Fingern zu punktähnlichen Gebilden geschrumpft waren. Auch der Perlenuntersetzer fand seine Form nur nach vielen Anläufen – von den Klebearbeiten einmal ganz zu schweigen!

Wie gern würde man heute einen Blick in die Schublade werfen, in der Großvater damals die Enkelkindergeschenke aufbewahrte. Jedes Jahr wieder nahm er sie mit ernster Aufmerksamkeit in Empfang, und nie hatten die Kinder das Gefühl, etwas Unbrauchbares geschenkt zu haben.

Zu jedem Fest gehört die beliebte Garderobenfrage, und je älter sie wurden, desto mehr versuchten sie Einfluß zu nehmen; mit zehn oder zwölf Jahren hat man schon eigene Ideen! Aber leider war und blieb Mutter der unerschütterlichen Überzeugung, daß ihre fünf Kinder – und wenn sie es noch so sehr verabscheuten – das Weihnachtsfest einheitlich angezogen begehen müßten. Das war besonders schmerzlich, wenn die modisch fortschrittlicheren Cousinen individuell gewandet kamen.

Kurz und gut, in Annas Familie trugen alle fünf Kinder schwarze Lackschuhe und weiße, kratzige Wollstrümpfe, die am Leibchen festgemacht waren und nie richtig stramm saßen. Die Mädchen hatten karierte Wollkleider mit weißen Rüschenkragen an und die Jungen zu den kurzen dunkelblauen Bleyle-Hosen Hemden aus dem gleichen Stoff wie die Mädchenkleider.

Es war langweilig, aber eindrucksvoll!

Zur Festestradition gehörten unverbrüchlich auch die Weihnachtsgedichte. Jedes Kind, sobald es dem Babyalter entwachsen war, trug zu Weihnachten ein Gedicht vor.

In irgendeiner Ecke des Bücherschrankes ruhten die Gedichtbücher das Jahr über. Aber, eines Tages, Anfang Dezember würden sie auf dem Tisch liegen, und dann konnte die umständliche, langwierige Auswahl beginnen.

Meistens erbten die Kleinen die Gedichte der Größeren vom letzten Jahr, denn der Fundus war nicht un-

erschöpflich. Manche natürlich waren inzwischen aus der Mode, manche zu süddeutsch, wenn hohe Berge und Geißen drin vorkamen, und andere einfach zu abgeleiert.
Die Kleinsten stammelten ja nur ein paar Zeilen, vergaßen manchmal auch noch den Knicks oder die Verbeugung am Anfang und Ende der Darbietung, und trotzdem waren alle gerührt. Aber die Älteren mußten schon etwas bieten: Und Anna war die Älteste!
Die Gedichte wurden nicht nur gelernt und vorgetragen, sondern auch auf große weiße Doppelbögen sorgfältig abgeschrieben, was eine wahre Schinderei war, weil die Stahlfedern, die man in ein Tintenfaß tunkte, leicht klecksen oder sich spreizen konnten.
Viel Geduld war geübt worden, wenn endlich auf der Vorderseite des Bogens die struppigen Tannenzweige, Sterne und Kerzen prangten und die Widmung an der richtigen Stelle plaziert war.
Das Gedicht, das Anna Weihnachten 1942 aufsagte, sollte sie nicht vergessen. Sie hatte es nicht ›geerbt‹, sondern selbst gewählt, und sie fand es herrlich!
Robert Prutz hatte es um die Mitte des 19. Jahrhunderts geschrieben, und es ging so:

Christnacht

*Heil'ge Nacht auf Engelschwingen,
nahst du leise dich der Welt;
und die Glocken hör' ich klingen,*

und die Fenster sind erhellt.
Selbst die Hütte trieft von Segen,
und der Kindlein froher Dank
jauchzt dem Himmelskind entgegen,
und ihr Stammeln wird Gesang.

Mit der Fülle süßer Lieder,
mit dem Glanz um Tal und Höh'n,
Heil'ge Nacht so kehrst du wieder,
wie die Welt dich einst gesehn –
da die Palmen lauter rauschten,
und versenkt in Dämmerung,
Erd' und Himmel Worte tauschten,
Worte der Verkündigung.

Da, mit Purpur übergossen,
aufgetan von Gottes Hand,
alle Himmel sich erschlossen,
glänzend über Meer und Land –
da, den Frieden zu verkünden,
sich der Engel niederschwang,
auf den Höhen, in den Gründen
die Verheißung widerklang. –

Da, der Jungfrau Sohn zu dienen,
Fürsten aus dem Morgenland
in der Hirten Kreis erschienen,
Gold und Myrrhen in der Hand –
da mit seligem Entzücken
sich die Mutter niederbog,
sinnend aus des Kindes Blicken
nie gefühlte Freude sog.

*Heil'ge Nacht mit tausend Kerzen
steigst du feierlich herauf,
oh, so geh in unsern Herzen,
Stern des Lebens, geh uns auf!
Schau, im Himmel und auf Erden
glänzt der Liebe Rosenschein!
Friede soll's noch einmal werden
und die Liebe König sein!*

Ja, Anna liebte dieses Gedicht! Es hatte so einen feierlichen Schwung, so etwas Glänzendes. Und was sie daran nicht so ganz verstand, liebte sie auch.
Wie mochte es wohl aussehen, wenn ›eine Hütte von Segen trieft‹? Im Geiste sah Anna ein kleines Holzhaus am Waldrand, über dessen Dach und Wände – natürlich nicht über die Fenster, denn es mußte ja jemand gemütlich herausschauen können – weißer Zuckerguß schwer herabfloß.
Das Gedicht lernte sich nicht so leicht. Seine fremden Bilder von der ›in Dämmerung versenkten Erde‹ oder der ›widerklingenden Verheißung‹ waren wohl herrlich, aber nicht leicht zu behalten. Laut deklamierend schritt Anna durchs Kinderzimmer und suchte mit halbem Auge ihren Weg zwischen herumliegendem Spielzeug und den kleinen Geschwistern, die am liebsten am Boden, direkt vor Annas Füßen, saßen.
»Warum sind denn Palmen in deinem Gedicht?« fragten die Kleinen, denen das wahre poetische Feingefühl noch abging. »Es soll doch ein Weihnachtsgedicht sein!«
Anna erklärte es weitschweifend und aufs neue ent-

zückt, legte noch einmal alle seine Schönheiten dar und – blieb am drittletzten, kostbaren Vers hängen, wo ›der Liebe Rosenschein glänzt‹. Wie sollte sie es nur den erstaunt guckenden Kleinen verständlich machen! Natürlich, es war herrlich! Aber was war es eigentlich? Es war auf jeden Fall besser, sich ins Wohnzimmer zurückzuziehen. Dort hätte sie sogar in dem ovalen Spiegel, der über dem Sofa hing, ihren Auftritt studieren können, aber sie schob lieber die Gardine ein bißchen beiseite, sah den Raben zu, die den Rathausturm umkreisten, und murmelte ihre wunderbaren Verse.

Am Heiligen Abend versammelten sie sich alle unten bei Großvater: Annas Familie und die Familien von Mutters Brüdern. Noch blieben aber die Geschenke und Gedichtbögen im kalten Flur liegen, denn erst einmal gab es eine Kaffeetafel, bei der der berühmte ›Prezel‹ angeschnitten wurde. Das war eine Hefeteigrolle, die mit wunderbaren Dingen wie Zitronat, Orangeat, Mandeln und Nüssen, Zucker und Rosinen gefüllt und mit dickem Butterstreusel bedeckt wurde, ehe sie in Form einer Riesenbrezel gebacken wurde. Im Unterschied zu den kleineren und salzigen süddeutschen Schwestern war dieser ›Prezel‹ männlichen Geschlechts und begann mit einem ›P‹ wie Puderzucker.
Am Anfang des Festes stand also die wichtige Frage, ob denn der Prezel gelungen wäre!
War er feucht genug? War er hoch genug?
Hatte sich die Füllung vorschriftsmäßig mit dem

Teig verbunden? Oder lag sie drin wie eine Gurke im Rollmops?
Wunderbar, wenn sich nach der ersten Austeilung allgemeine, respektvolle Zufriedenheit ausbreitete und man mit Behagen von dem Jahr erzählen konnte, als der Prezel so *sagenhaft* mißglückt war: So platt und trocken war er gewesen, so ohne jeden Geschmack, daß Onkel Wim sofort von den Fladen angefangen hatte, die Odysseus und seine Gefährten nur in der allerhöchsten Not zu sich genommen hätten.
»Was wohl die Männer zu diesem Prezel sagen würden?«
Mutters Frage zerschnitt die vergnügten Erinnerungen; es wurde ganz still am Tisch für ein paar Sekunden.
›Wir tun nur so fröhlich‹, dachte Anna. ›Wir tun so, als sei kein Krieg.‹
Die Mandelkränzchen wurden nachdrücklich begutachtet und die Kaneelblätter, nach dem berühmten Familienrezept, und schließlich war es soweit: Die Tür zum roten Salon wurde feierlich geöffnet.
Da standen sie.
Die Mütter neben Großvater, elf Enkelkinder, von denen das älteste gerade zwölf Jahre alt war, Albert, der Kutscher, und Fräulein Wolter, die Haushälterin, beide ur-ur-alt. Die Väter fehlten, denn es war Krieg.
Alle sahen auf den Baum, auf die glänzenden Mahagonimöbel, die das Kerzenlicht fingen und spiegelten, auf die weißgedeckten Tische mit den bunten Tellern und Geschenken.
Sie sangen.

Immer blieb es rätselhaft, was das eigentlich bedeutete:
› ... himmlische Heere ...‹ oder › ... erschienen, uns zu versühnen‹! – Aber das machte nichts. So etwas Ungeklärtes gehörte zu Weihnachten. Alles durfte jetzt in einem besonderen Gefühl aufgehoben und so ein wenig in der Schwebe bleiben. Alles durfte anders sein als sonst.
Nun die Gedichte!
Der kleine Bruder schoß den Vogel ab! Er stellte sich nicht wie vorgeschrieben mit dem Rücken zum Weihnachtsbaum dem Großvater gegenüber, sondern blieb verzückt, und den Lichtern zugewendet, stehen und sagte dem Tannenbaum selbstvergessen sein Gedicht auf.
Heil'ge Nacht auf Engelschwingen! Jetzt war es soweit!
Der Unterschied zu den Kleinkinderversen sollte deutlich werden! Anna legte einen solchen Ausdruck in die schönen Worte. ›Und ihr Stammeln wird Gesang!‹ daß auch der letzte merken mußte, wie prächtig ihr Gedicht war! Mit vollem Gefühl zog sie durch die Strophen. Sie war begeistert!
›Schau, im Himmel und auf Erden glänzt der Liebe Rosenschein!‹ War das nicht herrlich!
Merkwürdig, auf einmal war etwas in ihr dagegen und sagte nicht wie sonst: »Ja, herrlich!«
Ein sonderbarer kalter Zug ging über den Rosenschein. Sie hörte ihrer Stimme zu wie einer fremden, und von irgendwoher tauchte, auf rosafarbenem Hintergrund in dicken schwarzen Buchstaben geschrieben, das Wort *Krieg* auf.

Es war ja wirklich Krieg!
›Friede soll noch einmal werden und die Liebe König sein!‹ hörte sie eine Stimme sagen.
Es war aber in Wirklichkeit Krieg!
Anna sah Vater in seiner Uniform vor sich und die junge Frau von nebenan, die eine enge schwarze Kappe mit einem langen schwarzen Schleier daran trug. Wie Mutter neulich geweint hatte, als sie hinter der dünnen schwarzen Dame hersah.
Es war Krieg! Es war Krieg!
Da wurde die triefende Hütte unter ihrem Zuckerguß weich und sackte durch! Die Palmen ›klapperten‹ und ›der Liebe Rosenschein ... der liebe Rosenschein‹!
Es war alles ganz falsch! Anna fühlte sich wie verloren. Statt einen Knicks zu machen und Großvater ihr Geschenk zu überreichen, blieb sie wie festgewachsen an ihrem Platz stehen. Stand da und – es war fürchterlich, einfach entsetzlich und – es war auch noch niemals dagewesen, daß einer sich so benahm – und trotzdem stand sie da unterm Weihnachtsbaum und weinte. Weinte und weinte, in der einen Hand das Kreuzstichdeckchen, in der anderen das säuberlich geschriebene Lügengedicht. Und kein Taschentuch und kein Ende der Tränen.
Irgendwo gegenüber atmete jemand ganz tief ein. Sonst standen alle wie erstarrt, bis endlich der Großvater dem Alptraum ein Ende machte.
»Komm her zu mir, Kind!« rief er. »Komm her!«
Sie kam und versteckte ihr Gesicht an seinem, weil sie sich so schämte. Sie war untröstlich und wollte sich doch trösten lassen. Zum erstenmal überwand

sie die Scheu vor dem strengen Großvater, fühlte seinen weichen Bart und roch vertraute ›Johann-Maria-Farina-Düfte‹.

»Sie exaltiert sich mal wieder, deine Tochter«, hörte sie den Großvater zu Mutter sagen, aber es klang, als lache er dabei ein bißchen, und dann fühlte sie seine Hand so liebevoll ihren Rücken klopfen, als ob sie sich nur verschluckt hätte.

»So, und nun putz dir mal die Nase!« sagte er: »Und dann wird gefeiert!« und zog für sie – was eine unerhörte Verwöhnung war – sein persönliches blütenfrisches Taschentuch hervor.

Inzwischen hatten die andern das Fest wieder auf die Beine gebracht. Alle Kinder hatten Schlittschuhe geschenkt bekommen und waren nun dabei, die Eisen mit dem entsprechenden Schlüssel an den feinen Lackschuhen festzudrehen, bis die Haltezähne ins blanke Leder bissen. Die ersten Bogenfahrten auf Großvaters Parkettfußboden standen bevor.

Alles lief wieder in gewohnten Festesbahnen.

Wie immer lagen die Kinder erst spät und mit zu vollem Magen im Bett. Es hatte Entensülze und Bratkartoffeln gegeben und Kollatschen mit Gänseflum und Spickgans und Malzbier. Aber Anna lag dazu noch die ganze elende Geschichte unterm Weihnachtsbaum im Magen!

»Ich finde mein Gedicht abscheulich!« sagte sie, als Mutter zuallerletzt zum Beten an ihr Bett kam. »Es ist ja durch und durch gelogen!«

»Ach, weißt du, vielleicht nicht gerade gelogen«, meinte Mutter, »es ist wohl nur so ein Traum, so ein überkandidelter Traum von einem Dichter. – Aber das Taschentuch! Denk bloß mal, Großvaters persönliches Taschentuch für deine verheulte Nase! Das war nicht geträumt. Es hatte aber beinah so etwas von einer ›Engelschwinge‹, wie es in deinem Gedicht hieß. Meinst du nicht?«

Nach Weihnachten, wenn der Winter sich so richtig breit gemacht hatte, lud der Großvater an schönen Tagen alle Enkelkinder zum Schlittenfahren ein.
›Gleich nach dem Mittagessen würde Albert anspannen.‹
Albert Klitschke war mehr als vierzig Jahre Großvaters Kutscher und Gärtner gewesen und so allmählich an die Familie angewachsen. Aus persönlicher Vertrautheit und persönlicher Distanz war ein Verhältnis entstanden, das die beiden alten Männer auf eine Art verband, die andere ausschloß. Albert war Großvater treu, und Großvater hielt Albert die Treue.
Was das nun war: diese Treue? Das ist schwer zu sagen. Beide akzeptierten ihre Rolle in allem Ernst; es hätte wohl in ihrer Vorstellung niemals anders sein können. Aber – ganz gewiß fühlten sich auch beide füreinander verantwortlich. Albert konnte ohne Großvater kein guter Kutscher sein und Großvater ohne Albert kein guter Herr. So war es.
Albert war also eine Respektsperson, und es war nicht geraten, ihn zu ärgern oder ihm irgendwie zu mißfallen, denn alle Erwachsenen glaubten ihm viel mehr als den Kindern, wenn ›Bericht erstattet wurde‹. Und das tat er! Albert hatte eine feste Vorstellung davon, wie gewisse Dinge zu behandeln waren,

und daran ließ er nicht rütteln. Er bestimmte zum Beispiel, wer wo im Schlitten zu sitzen habe.

Nun gab es allerdings im Winter für alle Kinder noch eine besondere Erscheinung an Alberts Persönlichkeit, über die sie seine strikte Unnachgiebigkeit leicht vergaßen: Das war der Tropfen an seiner großen Nase. Geduldig und aufmerksam verfolgten sie aus der Froschperspektive die allmähliche Bildung des Tropfens, die langsame zögernde Rundung, wie er schwerer und schwerer wurde und – endlich abfiel.

Wenn Albert aber den Schlitten fuhr, vergaß man sogar den Tropfen erst einmal über seinem phantastischen Anblick. Die Kinder waren einfach nur dick eingemummt mit wollenen Teufelsmützen, doppelten Handschuhen und bunten Schals über dem Mantel, aber Albert trug ein besonderes Kostüm, einen langen Fahrpelz – außen blaues Tuch und innen Zottelfell – und tief in die Stirn gezogen eine riesige Pelzmütze. Unter den Pelzzotteln guckten Alberts schwarze Augen so streng und scharf in die Welt, als wäre er der Winterkönig persönlich. So stand er hinter der Sitzbank auf einem Brett zwischen den Schlittenkufen und hielt die Zügel, die zwischen den eng aneinandergekuschelten Kindern auf- und abwippten.

Durchs Neue Tor, vorbei an der Marienkirche, über den Markt, über den Fluß, durch enge Straßen und schließlich hinein in die ›Waldkatze‹ glitt der Schlitten. Von den beschneiten Bäumen stäubte es frisch und kühl ins Gesicht. Voraus die dicken Pferdepopos und unten die schneeglatte Chaussee. Hinaus ins freie Land!

Die russischen Glöckchen klingeln. Anna spürt den eisigen Ostwind – und die Wärme der andern. Und in gemessenem Abstand fällt ein Tropfen von Alberts großer Nase auf das blaue Tuch.

Der Garten

Im Winter regierte Albert den Schlitten, im Sommer war er der strenge Hüter eines Bezirkes, den die Kinder genauso liebten wie er.
Hinter den Werkhallen nämlich, auf dem weiten Fabrikgelände am Friedrichplatz, da, wo rostige Rohre und Eisenplatten gestapelt waren, lag, ganz hinter einem hohen, dichten Bretterzaun versteckt, Großvaters Garten.
Wenn man den langen, schweren Schlüssel ›mit Gefühl‹ umgedreht und die Türe, die immer ein bißchen über den Boden kratzte, wieder hinter sich zugezogen hatte, war man in einer anderen Welt. Vorn die Gemüse- und Erdbeerbeete, immer säuberlich von niedrigem Buchsbaum eingerahmt, dazwischen alte und junge Obstbäume. Überall gab es kleine Blumeninseln. Zwischen den Johannisbeersträuchern, in der baufälligen Laube, wurden große und kleine Körbe und viele Gartengeräte aufbewahrt. Manche Gießkannen waren mit trüben, seltsam riechenden Flüssigkeiten gefüllt und durften auf gar keinen Fall ausgegossen werden.

Am Ende des Gartens lag vor einer Kulisse aus Flieder- und Schneeballbüschen ein Rasenrondell mit Schaukel und Sandkasten und vielen Pfingstrosen. Die Geräusche aus den Fabrikhallen kamen nur noch abgeschwächt ans Ohr; sie waren draußen, und man vergaß sie ganz schnell. ›Drinnen‹ aber standen die kleinen und großen Pflanzen, die Bäume und Büsche still beieinander. Sie mußten sich keinem Wind beugen, und wenn es geregnet hatte, tropfte der Garten auch nur ganz ruhig und leise.
Gab es Wesen, die einen Garten behüten?
Die Kinder zweifelten nicht daran. Sie malten sich gerne aus, wie Baum- und Blumenengel am frühen Morgen oder am Mittag, wenn niemand schaute, heimlich mit den Pflanzen sprachen und sie wachsen ließen.
Aber natürlich gab es außerdem auch noch Albert Klitschke, den Gärtner, und der hatte – es war nicht anders zu erwarten – unverrückbare Vorstellungen davon, was Kinder in einem Garten tun dürften und wo sie sich am besten aufhalten sollten. Albert hätte den Garten am liebsten für sich und Großvater alleine gehabt; und wenn er nun auch einsah, daß dieser Traum nicht zu verwirklichen war, so setzte er doch möglichst viele Verbote durch und wachte mit Argusaugen über ihrer Einhaltung. Es blieb ein zäh und phantasievoll geführter Kampf um den Besitz des wunderbaren Gartens. Wann arbeitete Albert nicht zwischen den Beeten? Wann war er mit seiner großen Nase, die jede verbotene Aktion sofort aufspürte, woanders beschäftigt? Oder würde sich der schmale Kopf mit den beinah schwarzen Augen doch

plötzlich hinter der Laube vorrecken wie damals, als sie den berühmten Rhabarber-Blätter-Tanz erfunden hatten und Albert, fuchsteufelswild und wie vom Himmel gefallen, hinter ihnen gestanden und sie weggejagt hatte?
Über die Verbote gab es keine Zweifel: Es war erlaubt, Primeln zu pflücken, von denen viele in den schönsten Puderfarben überall wuchsen. Es war aber streng verboten, die Erdbeeren auch nur anzurühren. Rhabarber war – in Grenzen – frei; aber: ja nicht an die Bäume! Nur Fallobst war zugelassen. Am strengsten verboten aber waren die Reineclauden! Albert war stolz, so einen beinah exotischen Baum in seinem Garten zu hüten, und jede Frucht wollte er einzeln vor sich sehen und dem Großvater übergeben.
Natürlich widerstanden die Kinder der Versuchung nicht. Sahen die Butterbirnen auf dem Baum nicht hundertmal schöner aus als die heruntergefallenen! Es mußte eben erst festgestellt werden, ob sie wirklich hart und unreif waren! Und Alberts Wunderbaum! Wohl fühlten sich die gelbgrünen Früchte zwischen Zeigefinger und Daumen noch sehr fest an, aber ob sie nicht trotzdem süß und saftig waren?
Es kam zu peinlichen Verhören in Großvaters Kontor, wo Albert die traurigen Indizien in Gestalt von Apfel- und Birnenkäutzen und einer gewaltsam abgerissenen Reineclaude aufgereiht hatte. Denn er war entschlossen, mit den Kindern ›nischt nichts‹ zu tun zu haben. Er trug alles – die Ernte und den Ärger – persönlich zu Großvater.
Aber auch die Erwachsenen waren Alberts Regiment unterworfen. ›Gemüse ißt man erst, wenn es ausge-

wachsen ist!‹ Das war seine unumstößliche Überzeugung. Und also gab es in den von ihm versorgten Küchen niemals zarte grüne Erbsen, sondern immer nur prall und dick ausgereifte, von den Feinschmeckern ergeben ›Klitschkes Große Sorte‹ genannt.
Und als er einmal bei den Pfingstrosen das jüngste Mitglied der Familie im Kinderwagen allein und erbärmlich schreiend vorgefunden hatte, war Albert direkt zu Großvater ins Kontor gegangen: »Die junge Frau läßt ihr einfach dastehen, das jeht doch nich, Herr Denzer! Ich hätte ihr ja jerne rausjenommen, aber das is doch meine Sache nich!«
Albert war uneinnehmbar, man konnte ihn nicht rumkriegen. Er wußte genau, wo er hingehörte, und da blieb er – dicht neben Großvater. In Annas Erinnerung verschmelzen sie beide manchmal zu einer mächtigen, einschüchternden Instanz, die höflich und förmlich behandelt sein wollte.

Alles gehörte dem Großvater: das Haus, in dem sie wohnten, der Hof und der Garten, die Fabrik, die Pferde, der Schlitten und das Auto mit dem aufklappbaren Dach; aber das fleißige, streng geregelte und sparsame Leben, das er führte, hätte die Kinder nie auf den Gedanken kommen lassen, daß ihr Großvater auch ein reicher Mann war.
Er war das Familienoberhaupt und noch als sehr alter Mann der Chef der Fabrik, weil sein Sohn in den Krieg mußte. In seinen letzten Jahren lebten um ihn, wie es der Krieg forderte, fast nur Frauen, Kinder und alte Männer; die jungen und jüngeren waren Soldaten. Sein Rat hatte Gewicht, seine nüchterne Be-

trachtung der politischen Lage – er hatte nie etwas von den Nazis gehalten – bewahrte die Familie vor Illusionen. Die Jagd war seine Freude, und noch als fast Gelähmter ließ er sich von Albert nach Veddin hinausfahren, um vom Kutschwagen aus vielleicht noch einen Hasen oder eine Wildente zu schießen.
Kurz vor seinem Tode, im Spätsommer 1944, sah er die Flucht voraus, und in den Abendstunden dieser letzten Wochen sprach er mit seiner Tochter darüber, was zu tun sei. Ohne Dramatik und ohne Sentimentalität brachte der Kaufmann seine schwere Krankheit wie einen letzten großen Abschluß richtig zu Ende.
Eines Morgens führte Mutter Anna in sein Zimmer. Großvater war gestorben und lag schon in seinem Sarg. Er trug, wie er es angeordnet hatte, seinen Frack und sah so unnahbar aus, wie er für Anna immer gewesen war. Immer hatte sie ihn wie hinter einer dünnen, durchsichtigen Eiswand erlebt; nur ein einziges Mal, bei ihrem verzweifelten Ausbruch zu Weihnachten, war diese Eiswand geschmolzen, aber später niemals mehr.
Jeden Sonntag hatten die Enkelkinder ihm einen Besuch gemacht, am Vormittag, vor der allgemeinen Besuchszeit. Sie wären niemals auf den Gedanken gekommen, einfach so mal hinzugehen.
Über die Lesebrille sahen die hellen, weit auseinanderstehenden Augen die Kinder genau an, eins nach dem andern. Hatte man die Prüfung bestanden? Das Gespräch schlich zäh voran: Erst war von der Schule die Rede, von den Noten hauptsächlich, dann vom Sport.

Warum hatte Anna das Siegerabzeichen beim letzten Sportfest der Hitlerjugend nicht bekommen? Hanne und Janne, die Cousinen vom Friedrichplatz hatten es doch geschafft, es war also nicht unmöglich. Anna konnte es nicht erklären. Sie stand da, fühlte, wie ihr die Kehle enger wurde und war unglücklich. Sollte sie sagen: Ich verabscheue diese Sportfeste, diese Aufmärsche, meine Scharführerin und ihre lauten Befehle? Für solchen Sport interessiere ich mich überhaupt nicht? Die andern Mädchen hatten sich ausgeschüttet vor Lachen, als der Lederball nur 12,50 m weit geflogen war. Konnte sie Großvater von so einer Niederlage erzählen? Er würde sie dafür verachten, und das durfte nicht sein. Also machte sie sich ganz steif und schwieg; nur ihre Augen bewegte sich, wanderten in der Stille durch das warme, gemütliche Zimmer, über die schweren, abgewetzten Ledermöbel bis zum Schreibtisch, wo der bronzene Eisengießer auf muskulösen Beinen stand und eine große Schöpfkelle in den Händen hielt. In Großmutters kleinem Bücherschrank glänzten die Romane von Eugenie Marlitt und Nathalie von Eschstruth mit goldbeschriebenen Rücken, und durch die weite Türöffnung zum Eßzimmer sah sie das Sofa mit der hohen Lehne, auf deren Sims zwei braune Schweizer Holzkühe standen und ein Bierseidel – Bismarcks Kopf mit Pickelhaube zum Aufklappen – in dem Großvater ›Bullrich's Salz‹ für den Magen verwahrte.
Ob die Großmutter, die noch vor Annas Geburt gestorben war, verstanden hätte, was die Enkeltochter ängstigte? Die Großmutter hatte ihren Mann ›Den-

zerchen‹ genannt, wenn sie ihn bewegen wollte, etwas zu tun, was ihr für die Kirche oder das Rote Kreuz wichtig schien. »Denzerchen«, sagte sie dann, »du könntest dich mal für diese Sache interessieren. Du weißt schon, ohne dich können die das nicht richtig.« So engagierte sich ›Denzerchen‹ bei viel mehr wohltätigen Unternehmungen, als er eigentlich wollte und war zufrieden damit. Er aber, der Großvater, hatte sich manchmal auch sehr hübsche Sachen für seine Frau ausgedacht.
Er mochte zum Beispiel viel lieber zu irgendeinem, von ihm bestimmten Tag Geschenke machen, als wenn gerade das Datum es wollte. So hatte er einmal – war es aus der Hinterlassenschaft einer Hofdame vom Zarenhof? – eine Perlenkette gekauft. Winzige, wunderbar schimmernde Perlchen waren es, die sich zur Mitte der Kette ein wenig verdickten; aber die dickste war doch nicht größer als eine Erbse. Diese kleine Kostbarkeit hatte der Großvater also eines schönen Tages gekauft, hatte sie in seine Westentasche gesteckt und war, wie üblich zum Mittagessen zu Hause erschienen, nur etwas aufgekratzter als üblich vielleicht, so daß die Großmutter, die mit einer langen Rüschenschürze überm Kleid, gerade die Suppenterrine auf den Tisch setzte, sich wundern mußte. Statt Platz zu nehmen, tänzelte der Großvater, der wie manche korpulenten Leute ein sehr guter Tänzer war, um den Tisch herum, nahm die Großmutter, kaum daß sie die Terrine abgestellt hatte, um die Taille und walzte mit ihr durchs Zimmer. »Denzerchen, was hast du denn? Komm, sonst wird die Suppe kalt!« Da hatte sich der Großvater höflich

für den Tanz bedankt, hatte sich in Heldenpose vor ihr aufgebaut: »Und nun bitte ich, meine Westentasche zu inspizieren, Gnädigste!« genäselt.
Ja, und da mußte die Suppe natürlich doch nochmal aufgewärmt werden, weil die Großmutter sich schrecklich gefreut hatte. Es war ja schon lange ihr Traum gewesen, eine Perlenkette zu besitzen, eine echte.
»Denkt doch bloß mal«, sagte Mutter später oft zu ihren Kindern, »echte Perlen! So was gibt's heut' gar nicht mehr. Jede einzelne von einem Taucher in einer Muschel vom Meeresboden heraufgeholt! Heute hat man Zuchtperlen, und die sind natürlich viel größer; aber diese ... bald wird überhaupt niemand mehr verstehen, wie wertvoll sie sind.«
›Ob diese Großmutter mir geholfen hätte?‹ dachte Anna und war wieder in der Gegenwart angelangt. Großvater hatte inzwischen die Sache mit dem Sportabzeichen fallen lassen. Die Enkelkinder standen noch ein bißchen herum oder halfen beim Öffnen der Geschäftspost, die auch sonntags ausgetragen wurde, und warteten sehnsüchtig auf das Abschiedszeremoniell, wenn der Großvater aufstehen würde, um ihnen die üblichen zwei Bonbons zu geben.
Sehnsüchtig und ängstlich zugleich erwarteten sie diesen Augenblick, denn das Aufstehen war eine schwierige Prozedur für den alten Mann. Zuerst zog und stützte er sich aus seinem Sessel hoch, dann griff er nach den beiden Krücken, die hinter ihm an der Wand lehnten, stemmte sie unter seinen großen, schweren Körper und bewegte sich mühselig vorwärts. Neben den Füßen tappten die hellen Hölzer

mit den schwarzen Gummipfropfen über die bunten Teppiche. Langsam folgten die Kinder bis in die kleine, eiskalte Kammer hinterm Schlafzimmer, in der kostbare Vorräte aufbewahrt wurden. In einer grünen Blechbüchse, die wie eine kleine Truhe mit gewölbtem Deckel aussah, lagen die Bonbons. Jedes Kind bekam zwei gereicht, zwei zugleich, die der Großvater ihnen zwischen Daumen und Zeigefinger an den gedrehten Papierenden entgegenhielt.

Man bedankte sich höflich und küßte den Großvater zum Abschied auf seinen weißen Bart – erleichtert, daß der schwierige Besuch vorüber war und zugleich traurig, weil er so allein in seiner großen Wohnung zurückblieb.

Gräber und Geschichten

Viel leichter, als ihm einen Besuch zu machen, war es, mit dem Großvater auszufahren. Oft nahm er die beiden kleinen Schwestern mit, wenn er nach Stolpmünde zum Badehäuschen fuhr oder nach Schwolow zum Bauern Albrecht, der sein Freund war, und natürlich zum Friedhof. Jede Woche wenigstens einmal auf den Friedhof zu Großmutters Grab.
So nah wie möglich fuhr Anhut, der Chauffeur, an die Gräber heran. Aber zum Schluß gab es doch noch einen mühseligen Aufstieg über enge Treppen und schmale Wege. Mit ausgebreiteten Armen marschierte Anhut hinter dem Großvater her, als wollte er ihn im Notfall auffangen. Und war doch so eine dünne Gestalt und der andere, mit seinen Krücken, groß und schwer.
Die Kinder liefen voraus, denn es gab um Großmutters Beet herum viele interessante Grabstellen. Immer besuchten sie den ›Zwanzigjährigen‹. Das war ein Marmorengel, ein ziemlich schmutziger, der betrübt auf ein lange nicht mehr gepflegtes Grab her-

abblickte. Mit beiden Händen hielt er eine beschriebene Marmortafel, als wollte er sie den Toten lesen lassen. Wohl waren inzwischen viele Buchstaben verlöscht, aber noch ließ sich alles entziffern:

Ein jegliches hat seine Zeit und alles Vornehmen unter dem Himmel hat seine Stunde.
17. VIII. 1918

Das klang geheimnisvoll. Die beiden Schwestern lasen und guckten und grübelten. Wer mochte den Engel vor zwanzig Jahren da aufgestellt haben? Und warum fehlte ihm ein Flügel? Darüber hatte Anna schon viele Theorien ausgebrütet, und die kleine Schwester war ihr in jeder treu gefolgt, ohne zu zweifeln. Aber die Geschichte mit den Räubern von der letzten Woche war nicht so gut gewesen. Anna hatte sich etwas Neues ausgedacht.
»Ich glaube«, sagte sie ernst, »daß da eine Braut begraben liegt, die kurz vor der Hochzeit an einer furchtbaren Krankheit gestorben ist. Und der Bräutigam, der war so verzweifelt, daß er beschloß, nach Amerika auszuwandern. Aber bevor er abreiste, hatte er zum Andenken an seine schöne Braut den einen Engelflügel abgebrochen und in seinen Koffer gepackt.«
»Das geht doch gar nicht!« Die kleine Schwester meldete diesmal Bedenken gegen Annas abenteuerliche Erfindung an. »Erstens ist der Flügel viel zu schwer, und zweitens würden die Wächter an der Grenze denken, der hätte den Flügel gestohlen.«
Aber Anna ließ sich nicht beirren: Der Bräutigam

konnte es! Er legte den Flügel in seinen großen Koffer und fuhr los. Als dann allerdings die amerikanische Küste auftauchte und die kleine Schwester sehr kritisch guckte, wurde es auch der Geschichtenerzählerin etwas unbehaglich. Sie schaute nachdenklich auf den traurigen, einflügligen Engel, als könnte der vielleicht weitererzählen. Das wäre ein Wunder! Ja, es mußte ein Wunder geschehen!

Mit neuem Schwung erzählte Anna weiter: »Man weiß nicht genau«, sagte sie, »wie es passiert ist oder was der Bräutigam in der Kajüte noch getan hat; jedenfalls nahm er, als das Schiff angelegt hatte, den Koffer und schleppte ihn bis zu der schmalen Brücke, die vom Schiff ans Land führte. Und drüben standen die Zollbeamten und Polizisten und guckten jeden prüfend an, ob er irgendwie verdächtig wäre. Da geschah das Wunder! Plötzlich verlor der Koffer all sein Gewicht. Leicht und frei schritt der Bräutigam über die Brücke, und die Beamten dachten sich gar nichts bei seinem Anblick.

So war der Flügel nach Amerika gekommen, und später, als der Bräutigam ein reicher Mann geworden war, stellte er ihn unter einer Trauerweide in seinem großen Park auf. Und da steht er immer noch!« schloß Anna voll Überzeugung. »Hat er denn nun eine andere Braut geheiratet?« fragte die kleine Schwester, die immer alles ganz genau wissen wollte. Die Frage blieb offen, weil gerade in diesem Augenblick ein kleiner Vogel in ihrer Nähe gelandet war, den sie noch lieber beobachten wollten.

Befriedigt verließen die Kinder den ›Zwanzigjährigen‹ und wandten sich zu einem dicht mit Efeu bewachsenen Doppelgrab, das von einem gußeisernen Zaun umgeben war, als wären lauter Spieße in die Erde gesteckt und mit einer stachligen Kette zusammengeschlossen worden. Mitten aus dem Efeugrab wuchs ein Baum, der alles verschattete. Kein Name, kein Türchen im Zaun, alles abgeschlossen und wie versunken unter den vielen Blättern.

Aber die Kinder wußten, wer da begraben lag: Tante Lieschen nämlich – mit ihrem Onkel Georg. Und jedesmal beugten sie sich, so weit es nur ging, über den spitzigen Zaun und suchten nach den kleinen Blumen, die irgendwo am Rande des Efeus immer wieder zu ihrer Zeit heraufwuchsen: erst die Schneeglöckchen, dann die Leberblümchen und zuletzt Vergißmeinnicht.

Von dieser Tante hatte Mutter eine silberne Kaffeekanne geerbt – und die Ostergeschichte. Die Ostergeschichte, die gar nicht vom Osterhasen handelte und trotzdem ›ganz echt‹ war. Alle liebten sie sehr – mehr noch als die schöne Kaffeekanne, und also erzählte Mutter jedes Jahr in der Osterzeit von den ›Oster-Kiebitzen‹, die Tante Lieschen erfunden hatte.

»Ostern«, sagte Mutter jedesmal, »war wohl doch das schönste Fest des Jahres. Könnt ihr euch noch daran erinnern, wie kalt der Winter im Osten war? Eisig kalt und lang!

Aber eines Tages würde es eben doch geschehen! Auf einmal würden es alle ganz sicher wissen, würden es sehen, riechen, fühlen, hören: Der Winter ist vorüber! Das Licht wird heller und wärmer. Es geht auf

Ostern. Die Kinder freuten sich auf die Ostereier mehr als ihr es heute könnt, denn mit Süßigkeiten war man damals sparsamer. Aber beinah mehr noch freuten sie sich auf den Ostertisch. Erinnert ihr euch?«
Alle erinnerten sie sich an den großen runden Tisch beim Ledersofa in Großvaters Wohnzimmer, auf dem zum Fest so etwas wie eine kleine Osterszene aufgebaut war:
Hasen und Häschen aus Pappmaché oder Ton, Hasenmädchen und Hasenbübchen in den lustigsten Kostümen waren beschäftigt mit Kiepen und Karren, mit Nesterbauen und Eierfärben. Manche versteckten sich zwischen Birkengrün und Osterglokken, andere arbeiteten auf grünen Moosflächen. Auf einem breiten Sandweg fuhr ein silberner Leiterwagen heran, von Hasen gelenkt und gezogen und natürlich mit den allerschönsten Eiern beladen. Im Hintergrund stand ein riesiges Küken aus gelbem Filz, das in seiner roten Schürze goldene Eier trug.
Aber wirklich geheimnisvoll, von sonderbarem Leben erfüllt und alles andere überragend, war die Ostermutter!
Eine Hasenfrau, aus Seidenpapier kunstvoll gefaltet, eine würdige Häsin im roten Rock mit Regenschirm und Pellerine und einer Haube auf dem Kopf, die mit ernstem Blick die bewegte kleine Welt zu ihren Füßen betrachtete und dir verbot, an ihrer Wirklichkeit auch nur zu zweifeln.
Wo war sie hergekommen? Wo würde sie wieder hingehen, wenn Ostern vorbei war? Darüber dachte

man so hin und her und ließ es in der Schwebe – mit einem kleinen Schauer im Rücken.
»Das alles zeigte sich natürlich erst, wenn die Feiertage da waren, aber vorher, so mitten in der Ostervorfreude, spielte die Geschichte mit Tante Lieschens Kiebitzen:
Mein kleiner Bruder Wilhelm und ich wußten ganz genau, wann die Zeit gekommen war, mit den Vorbereitungen zu beginnen, auch wenn in dieser Sache Tante Lieschen das erste und letzte Wort hatte. Wir kümmerten uns um zwei hübsche Blumentöpfe, putzten sie blank und versteckten sie unter unsern Spielsachen; denn wir wußten, alles hatte heimlich zu geschehen, mit Kiebitzen darf man keinen Lärm machen. Abends, vorm Einschlafen«, sagte Mutter, »dachte ich ganz für mich an den Kiebitz. Ich sah ihn vom Rande der Erde losfliegen. Er kannte seinen Weg von da hinten bis nach Stolp zu mir ganz genau. Aber der Weg war lang und gefährlich, und ich machte mir Sorgen, ob der kleine Vogel es wohl schaffen würde.«
Endlich, wenn die Kinder schon beinah vor Ungeduld platzen wollten, würde eine Einladung an sie von Tante Lieschen kommen. Johanna und Wilhelm würden die Blumentöpfe sorgfältig einpacken und sich auf den Weg machen. Tante Lieschen wohnte auch in der Hospitalstraße, im zweiten Stock eines Mietshauses. Sie würde schon oben an der Treppe auf sie warten:
»Ja, wie geht's euch denn, Kinderchen!« würde sie sagen.
»War das nicht ein schrecklicher Winter! Onkel Georg laboriert immer noch an seiner Bronchitis.

Aber trotzdem!« und nun kam ein vielsagender Blick, »als ich neulich auf dem Küchenbalkon stand, hab' ich mir so gedacht – nein, nein, nein, nicht daß ich irgend etwas gesehen hätte –, aber ich dachte so bei mir: Wenn Johanna und Wim sich jetzt mal auf die Suche nach zwei geeigneten Blumentöpfen machen würden, wäre das sicher nicht so ganz verkehrt.«

Da würden sich die Kinder ein bißchen gerader hinsetzen und tief Luft holen: »Ja, Tante Lieschen, wir haben sie besorgt. Draußen auf der Treppe stehen sie schon.«

»Na, das trifft sich gut! Ich habe mich nämlich schon um die Kiebitzwolle gekümmert. Also – an die Arbeit!«

Nun konnte man sehen, wie sie gemeinsam durch den dunklen Flur in die Küche gingen, und von da auf den Balkon, von dem man weit in Höfe und Gärten schauen kann.

»Tante Lieschen«, sagte Johanna, »diesmal möchte ich aber mein Nest in den Westwinkel stellen, und Wilhelm soll sich mal in der Ostecke einrichten.«

Wilhelm hat so etwas schon geahnt. Aber er ist gerüstet! Seine großen blauen Augen füllen sich augenblicklich mit ein paar sanften Tränen und blicken stumm und vertrauensvoll zu Tante Lieschen auf.

»Ach, Johanna, vielleicht sollte doch jeder an seinem alten Platz bleiben, meinst du nicht! Auch der Kiebitz hat sich ja schon daran gewöhnt.«

Johanna fügt sich, obwohl sie das wunderbar große Ei, das letztes Jahr im Westwinkel lag, noch so ganz genau in Erinnerung hat.

Wilhelm ist längst tief in die Arbeit an seinem guten Platz versunken. Zärtlich zupft er das Holzwollenmoos auseinander und drückt eine feste kleine Kuhle in die Mitte des Blumentopfnestchens. Da soll es der Kiebitz kuschelig und schön finden, da soll er das erste Ei hinlegen.
Johanna ist längst fertig mit ihren Vorbereitungen. Sie steht auf den Zehenspitzen und schaut über die Balkonbrüstung in Dr. Jarius' Garten. Schon sieht man die Schneeglöckchen unter den Obstbäumen herauskommen, und der Gärtner harkt die alten Blätter von den Beeten.
»Ja, Kinder, nun bleibt uns nichts als Geduld«, sagt Tante Lieschen, während sie die Balkontür schließt. »Mal sehen, ob der Kiebitz wiederkommt!«
Es wird nun kein Tag vergehen, ohne daß die Kinder bei der Tante vorsprechen. Ganz vorsichtig werden sie die Gardine an der Balkontür beiseiteschieben und hinausspähen. Das Herz wird ihnen klopfen. Aber so schnell passiert es nicht. Sie wissen es ja!
Dann endlich wird aber ein Tag kommen, da werden sie schon im Flur die Stimmen hören, werden sich gar nicht trauen, das Zimmer zu betreten, denn Tante Lieschen ist gerade dabei, irgendwelchen Besuchern – es sind die Eltern der Kinder, wie sich später herausstellt – mit erhobener Stimme von einem ganz ungewöhnlichen Ereignis zu berichten:
»Heute morgen«, hören sie Tante Lieschen rufen – so laut, als wüßte sie, daß vor der Tür noch jemand mithört – »also heute ganz früh, ich war noch gar nicht richtig wach, da bewegte sich etwas auf dem Balkon. Es flatterte, es trippelte, es raschelte und

knisterte, und immer hörte man so sonderbare Zwitschertönchen! Ach, wenn doch die Kinder endlich da wären!«
»Wir sind ja da!« rufen Johanna und Wim von draußen, und gleich öffnet sich die Tür, Tante Lieschen lacht die Kinder an, nimmt jedes an eine Hand und geht mit ihnen in die Küche.
Vorsichtig, vorsichtig schiebt Johanna die Gardine beiseite. Ja, ja! Im Osten und im Westen war der Kiebitz und hat in jedes Nest ein wunderbar gesprenkeltes, grün-schwarzes Ei gelegt.
Auf der flachen Hand tragen die Kinder die Eier zu den Eltern und Onkel Georg ins Zimmer.
Das Wunder ist wieder geschehen!
Die Osterzeit hat begonnen!
Die Zeit der grünen Kiebitzeier, die ganz anders schmecken als andere: süß und aromatisch – und ein wenig nach Marzipan.
Jetzt wird der Vogel beinahe jeden Tag kommen und ein Ei in die Nester legen. Und nachts, zwischen Wachen und Schlafen, wird Johanna den Kiebitz mit seinem sonderbaren Schrei heranfliegen sehen, wie er sich auf der Balkonbrüstung niederläßt und ein wenig überlegt, welches Nest er zuerst besuchen soll.
Es war Tante Lieschens Ostergeschichte, die Mutter so schön erzählen konnte.

Im Herbst fanden die Schwestern keine Blumen mehr bei dem schattigen Efeugrab, aber dann lagen die Kastanien im Hauptweg – prall und glänzend in ihren weiß gepolsterten Stachelschalen. Die schönsten brachten sie dem Großvater für seine Hosentaschen, denn sie galten als ein probates Mittel gegen das Zipperlein.

Herbst war es auch und schon mitten im Krieg, als die beiden Schwestern einmal, ein einziges Mal, ganz allein mit Albert in der Kutsche nach Schwolow fahren durften, um Äpfel und Kartoffeln abzuholen.

Ein kalter, scharfer Wind trieb Kutsche und Pferde vor sich her. Zum Glück hatte Mutter auf Mützen und Schals bestanden, nur die Handschuhe hatten sie ihr ausgeredet und schoben nun, so gut es gehen wollte, die Hände in die Mantelärmel. Aber bald fühlten sie die Wärme der kratzigen Wolldecke über den Knien, und es war ein Spaß, so durch das Land zu fahren und weit herumzugucken.

Links und rechts der Straße begleiteten sie Stoppelfelder oder schon wieder gepflügte Äcker. An andern Stellen wurden noch Kartoffeln geerntet. Frauen und Männer knieten auf der kalten Erde, jeder vor einer endlos langen Reihe von welken Kartoffelpflanzen. Immer wieder sahen die Kinder den Schlag der kurzen, dreizinkigen Hacke, mit dem die Stauden aus dem Boden gerissen wurden. Ab und zu richtete sich eine der knienden Gestalten schwerfällig auf und stapfte mit dem vollen Kartoffelkorb zum Feldrand, wo die Ernte in Säcken gesammelt wurde.

In der Nähe des Dorfes trafen sie eine große Gänseherde, die nahe der Straße von zwei Kindern über ein Stoppelfeld getrieben wurde.

Gänse waren den beiden Schwestern nicht geheuer. Nie wußte man, ob sie nicht plötzlich, ohne jeden

Grund, ihr ewiges Geschnatter unterbrechen und mit flach vorgestreckten Hälsen auf einen losrennen würden, den Schnabel vom krächzenden Zischen so weit aufgerissen, daß man die schmale, gelbe Zunge und die vielen kleinen Reibezähne sehen konnte. Es waren unheimliche, starke Tiere.

Aber mindestens drei von ihnen, die alle so schön weißgewölbt und prächtig auf den Stoppeln weideten, würden Anfang Dezember kopflos und gerupft auf Mutters Küchentisch liegen und zu Spickgans und Gänseleberwurst, zu Sülze und Pökelfleisch verarbeitet werden; nur nicht zum Braten! Nein, zum Braten nahm Mutter nur Enten. So gehörte es sich!

Die Schwolower Gänse schätzte sie besonders, weil sie groß und fleischig waren und immer nur das beste Futter bekommen hatten. In dieser Gegend nämlich – mochte sonst das hinterpommersche Land auch karg und sandig sein – gab es fruchtbaren, fetten Boden und wohlhabende Bauern.

»Wie gemalt!« sagte Mutter zufrieden und tätschelte die Gänsebrust respektvoll. Und dann nahm sie ein Messer, machte einen Schnitt über den Gänsebauch und zog alles heraus, was innen war: die Därme, die Leber, den Magen, in dem noch die letzten unverdauten Körner lagen, und – das Herz. Zwischen Neugier und Entsetzen festgenagelt stand Anna jedesmal dabei und sah alles an. Wie das Herz da rosig und schön geformt auf dem Tisch lag!

Darüber sprach sie nicht mit Mutter und auch nicht mit der Schwester. Zu Weihnachten würden all die leckeren Sachen in Schüsseln und auf Platten angeboten werden. Alle würden Mutters Kochkunst loben und die Schwolower Gänse mit Behagen essen. Aber noch weideten die Gänse auf den Stoppelfeldern, und heute ging es nur um Äpfel und Kartoffeln. Bald lag das Dorf vor ihnen. Große, gepflegte Fachwerkhäuser säumten die Kopfsteinpflasterstraße. Der Albrechtsche Besitz war nach draußen ganz geschlossen. Durch ein riesiges Tor, das auch einen Heuwagen durchließ, fuhr man in den Hof und direkt auf einen enormen Misthaufen los. Ställe, Scheunen und Vorratshäuser rahmten den Hof ein, und genau hinter dem Misthaufen und gar nicht sehr weit von ihm lag, strahlend weiß und schwarz, das Fachwerkhaus, in dem die Familie wohnte. Als sie aus der Kutsche kletterten, wurde es den Kindern doch bedenklich, daß sie so ohne erwachsenen Geleitschutz kamen.

Aber vor der Haustür stand Frau Albrecht, hatte eine große weiße Schürze vorgebunden und lachte lustig und einladend. Sie wurden aus Mänteln und Mützen gepellt, als wären sie Babies, und mit einem unwiderstehlichen Schwung in die gute Stube befördert, wo der Kaffeetisch gedeckt war. Es gab Malzkaffee und Streuselkuchen – wie erwartet, und alles mußte erzählt werden: Von Großvater und Mutter, von der Tante und allen andern Kindern, und Anna fühlte auf einmal, was das ist, eine Familie zu haben, an einen bestimmten Platz zu gehören, den die andern kannten und achteten.

Man merkte, daß die gute Stube nicht täglich geheizt und bewohnt wurde. Alles stand sauber und akkurat, aber irgendwie unbenutzt an seinem Platz. Immer hin und her in genau gebremstem Schwung ging das Pendel der Wanduhr und teilte eine Zeit in kleine Stücke, die mit dem Leben da draußen gar nichts zu tun hatte. Ein Brautpaar blickte starr und ernst aus seinem schwarzen Rahmen. Die Stuhlbeine schurrten auf den Holzdielen, und am Fenster ärgerte sich eine einsame Fliege.

Gern hätte Anna die Schwester nach draußen gezogen, hinaus auf den Hof zu den Hühnern, die solche unbegreiflichen Töne machen konnten und sich immer verrieten, wenn sie ein Ei ins Scheunenversteck gelegt hatten. Aber es war nicht möglich. Sie waren die Vertreter der Familie und mußten stillsitzen, bis die Bäuerin: »Ja, denn woll'n wir mal einpacken«, sagen würde, »daß ihr doch loskommt, bevor es dunkel wird.«

Beinah betäubt von Streuselkuchen, Malzkaffee und den vielen freundlichen Worten, saßen sie schließlich wieder im Wagen. Vorne bei Albert stand der Kartoffelsack, und neben ihnen dufteten Bosköppe, Langsüße und Traubenäpfel in bauchigen Weidenkörben.

Jetzt wehte der Wind ihnen ins Gesicht, und der trübe Himmel war aufgerissen. Die Wolken fuhren schneller als der Wagen, und immer wieder kämpfte sich die Sonne durch. Ein Junge lief mit seinem Drachen übers Stoppelfeld. In weiten, flachen Wellen schwang sich das Land zum Horizont. Kein Wald, nur Chausseebäume begleiteten sie, zeigten ihnen weit hinten die Straße wieder, die sie bald passieren würden.

Sie fuhren gegen den Wind. Aber sie fuhren nach Hause.

Vor lauter Freude fingen sie an zu singen, lang anhaltend und in voller Lautstärke. Bis Albert sich endlich umdrehte, seine riesigen, schwarzen Augen noch größer machte und: »Nu, man sachte, sachte!« brummte, »mir jehn ja jleich die Pferde durch!«

Die anderen Großeltern

Die anderen Großeltern, Vaters Eltern, wohnten am Rande der Stadt, eine halbe Stunde Fußweg von der Hospitalstraße entfernt. Erst 1934 waren sie dorthin gezogen, denn vorher war dieser Großvater, den Anna Nonno nannte, Volksschullehrer in Holzkathen gewesen und hatte als Wohnung die eine Hälfte seines Schulhauses gehabt, das ein wenig zurückgesetzt lag, an der Straße von Schmolsin nach Klucken.
Da liegt es heute noch unter hohen Bäumen und zeigt zur Hofseite immer noch die alten Fenster und die alte Haustür aus Nonnos Zeiten.
Früher gab es hinter dem Schulhaus, neben einem großen Gemüsegarten und einer Wiese, auch einen Stall für die Milchkuh, für Schwein und Hühner und mittendrin den Pausenhof für die Kinder der einklassigen Schule.
Das alles ist verschwunden wie der Platz, wo Anna als Vierjährige mitten auf der Wiese saß und plötzlich – ohne warum und wozu – begriff: Das bin ich! Entsetzt und beglückt zugleich entdeckte: Dort

beim Haus stehen die andern, Mutter, Vater, Oma ...
Und hier bin ich. Und das ist ein Unterschied.
Und losrannte, um sich in Omas Arme zu stürzen.
Und doch das Einssein mit den andern niemals mehr
erreichen konnte.

Im Jahre 1934 mußten die Großeltern fort aus Holzkathen. Die Nazis hatten den begabten, gesunden Schulmeister vorzeitig in Pension geschickt, weil sie neue, gleichgesinnte und ›gleichgeschaltete‹ Lehrer gerade in diesen kleinen Schulen auf dem Lande haben wollten. So waren Nonno und Oma in ein Haus am Rande der Kreisstadt gezogen, und das war ihnen schwer gefallen. Aber für ihre Enkelkinder in der Stadt war es ein Glück gewesen.
Schon als Sechsjährige durfte Anna mit der kleineren Schwester allein den Weg zu den Großeltern machen. Nur über den Stephanplatz und die Schützenstraße, wo manchmal ein Auto ziemlich schnell heranfahren konnte, wurden sie begleitet. Aber dann gingen sie alleine weiter, tauchten schnell in den schattigen Weg am Rosengarten ein, um Tante Kätes Blicken zu entkommen. Rechts von ihnen lag hell und langgestreckt der Park mit seinen Beeten und Rasenflächen. Und doch waren es nicht die Rosen, die vielen rosa und roten Rosen, die da so besonders süß dufteten. Eine lange Lindenallee begleitete den Rosengarten, und ihr Duft, an dessen Quelle man nie heranreichte, umschmeichelte den Platz mehr als alle Blumen. Auf den Bänken saßen Frauen in der Sonne und rollten die Kinderwagen sachte hin und her.

Größere Kinder spielten auf den Wegen, und alte Leute umrundeten gemächlich die Rosenbeete.
Bald kam das uralte Herzogschloß ins Blickfeld: Grau – grau mit riesigen Stützpfeilern und nur wenigen Fenstern, die noch dazu so willkürlich in die hohen, finstern Mauern gebrochen waren, daß man nie richtig verstehen konnte, wie wohl die Zimmer dahinter angeordnet waren.
Als Nonno einmal erzählte, daß es nur für kurze Zeit vor zweihundert Jahren von zwei Herzoginnen bewohnt gewesen sei, erschien Anna der düstere Klotz noch abweisender, und sie bedauerte die armen Frauen jedesmal, wenn sie vorbeiging. Der blumige, kleine Schloßgarten aber lag wie ein sonnenwarmes, lebenssprießendes Nest zu Füßen des grauen Schlosses.
Die Schloßstraße lief auf den Fluß und die Herzog-Brücke zu. Da bogen die Kinder ab und gingen nun flußaufwärts und immer am Wasser entlang. Hier blieb es auch an den heißesten Sommertagen schattig-kühl. Drüben am anderen Ufer sahen sie die Mühle von Kauffmann & Sommerfeldt mit ihren verschiedenen Häusern und der grauen Gartenmauer. Die Sonne glitzerte auf dem schnell fließenden Wasser.
Wenn sich vorn die Schleusenbrücke zeigte, waren sie nicht mehr weit vom Ziel. Aber vorher mußten sie die Brücke überqueren, die alte, braunschwarze Holzbrücke mit starkem Balken- und Kettenwerk zur Bedienung der Schleusentore. Unter ihr brodelte und quirlte das Wasser, als würde es von Riesenhänden aufgewühlt. Nie gingen die Schwestern über die Brücke, ohne nach beiden Seiten hinunter- und hin-

aufzuschauen. Flußaufwärts, zur Mühle und zur Stadt hin, saugten sich die Augen fest an dem schönen und schrecklichen Schauspiel des stürzenden und strudelnden Flusses. Nie konnte sich Anna einen andern Schauplatz für Schillers ›Taucherballade‹ vorstellen, als die Lachsschleusen-Brücke über der Stolpe. Vorsichtig probierte sie aus, wie weit sie sich über das Geländer beugen könnte, ohne das Gleichgewicht zu verlieren, um das Wasser unmittelbar durch die Schleusenöffnungen stürzen zu sehen. An manchen Stellen konnte man auch durch einen Spalt zwischen den Holzbohlen des Brückenbodens hindurchschauen und eine Ahnung von dem grausigen Treiben darunter bekommen.
Aber nichts war lieblicher und friedlicher als der Blick flußaufwärts in das ruhige, angestaute Wasser. Da gingen der Fluß und die Wiesen zu beiden Seiten beinahe ineinander über, Sumpfdotterblumen und andere strotzende Wiesenpflanzen wuchsen am Ufer, und die weite helle Fläche lag so sanft da, als gäbe es die andere wilde Seite gar nicht.
Anna hat keine Wintererinnerung an die Landschaft den Fluß hinauf. Immer liegt sie fett und behaglich, dottergelb und grünsumpfig vor ihren Augen ausgebreitet.
Schließlich verließen die Kinder die Brücke und fühlten jedesmal erleichtert, wie fest und sicher bis tief nach unten der Boden unter ihren Sohlen nun gegründet war. Genau vor ihren Augen aber lag das Haus, in dem die Großeltern wohnten.
Bald sahen sie Oma an ihrem Fensterplatz Ausschau halten, und gleich würde sie mit Nonno am Treppen-

kopf stehen und wie immer rufen: »Da seid ihr ja, Kinderchen! Nu kommt man schnell rein!« Und alles würde sein wie jeden Dienstagnachmittag.
In der warmen Jahreszeit gingen sie nun gleich miteinander in den Garten hinterm Haus und betrachteten, was seit letztem Dienstag gewachsen war. Vorsichtig nahmen die Kinder die sonnenwarmen Tomaten in die Hand, die schon orangegelb an ihren Stöcken hingen. Extra auf sie hatten ein paar dicke, aromatische Erdbeeren warten dürfen, und dann die Bohnen! »Seht mal! Wie die Feuerwehr klettern sie die Stangen rauf!« sagte Nonno. Es war lustig, wenn er so mit seinen Pflanzen redete. »Was seid ihr bloß für feine, stramme Jungs!« sagte er zu den dicken Kohlrabiknollen und: »Ihr seid mir schöne Ohrenhänger!« zu den schlappen Salatpflanzen.
Bei Oma und Nonno war alles anders als zu Hause in der Hospitalstraße. Alles, Menschen und Dinge, waren nah beieinander, zutraulich und bescheiden – und fromm.
Zu Hause war Mutter immer mit den Babies beschäftigt, mit dem Haushalt und anderen Dingen. Wohl war sie eine sichere Fluchtburg in Notzeiten, aber im übrigen hatte Mutter anderes zu tun.
Bei den Lachsschleusen-Großeltern taten die Schwestern keinen Schritt allein. Bestimmt wäre ihnen das für jeden Wochentag zu viel gewesen, aber ihren Dienstagsbesuch genossen sie wie ein warmes Bad. Zuneigung und Vertrauen wurden da mit vollen Händen ausgeteilt, und nie fühlte sich eine weniger bedacht als die andere.
Und dann die Geschichten!

Nonno wußte so viele, daß man sie nicht zählen konnte; Oma nur eine, aber diese eine wollten die Schwestern immer wieder hören.

Wie Oma nämlich, als sie selber noch ein kleines Mädchen gewesen war, mit ihren sieben Geschwistern im Virchenziner Bach Krebse gefangen und dazu Urgroßmutters beste Kaffeekanne – mit Goldrand und Streublümchen – als Fangkasten benutzt hatte:

»Ja, da waren wir also heimlich losgezogen«, erzählte Oma, »und suchten vorsichtig unter den Steinen im Wasser und den überhängenden Grasbüscheln am Bachrand. Und als wir endlich elf, also für jeden einen Krebs, zum Abendbrot gefangen hatten, brachten wir die Kaffeekanne leise zurück in die Küche, stellten sie auf den Tisch und warteten von einem Versteck aus ab, was geschehen würde. Schließlich kam Bertha, unser Dienstmädchen, von draußen herein, sah die Kanne da einsam auf dem Tisch stehen und hob ahnungslos den Deckel hoch.«

Dies war der ersehnte Augenblick, den Anna immer aufs neue mit Lust und Entsetzen erwartete.

Da kauerten die Kinder, also Oma und ihre Geschwister, mit Herzklopfen in ihrem Versteck. Was würde passieren?

»Und da hielt Bertha den Deckel in der Hand und wollte nachgucken, ob noch Kaffee in der Kanne wäre. Und statt dessen bewegte sich etwas ganz anderes als Kaffee vor den entsetzten Augen. Bei dem fürchterlichen Anblick der langsam, langsam durcheinandergreifenden Scheren und Beine in der engen Kanne fing Bertha zu schreien an, schrie in den höchsten

Tönen, zappelte und schmiß die kostbare Kanne vom Tisch!
Zwischen den Scherben und Berthas Holzpantinen eilten elf Krebse über den Küchenboden. Alles wurde immer bedenklicher, und die Krebsfänger wären am liebsten sonstwohin gelaufen!«
Aber da war die kleine Urgroßmutter Anna Burmeister, Omas Mutter, die einfach alles gut machen konnte, auf dem Schauplatz des Dramas erschienen, hatte die Krebse und die Scherben eingesammelt, Bertha besänftigt und sich ihre vielen Kinder vorgeknöpft. Auf wunderbare Weise brachte sie so den verwilderten Tag wieder in sein Geleise, ohne daß der Urgroßvater Leonhard etwas davon bemerkte.
»Genug von der Krebserei!« rief Nonno, kaum daß Omas Geschichte zu Ende gebracht war. »Das Hühnergrab erwartet uns!« schwang den Spazierstock senkrecht in die Luft und war schon auf der Treppe.
Früher hatten die Kinder geglaubt, in dem berühmten Hünengrab in der Waldkatze läge wirklich ein echter Riese begraben; seit aber der Heimatkundeunterricht sie eines Besseren belehrt hatte, nannten sie es eben ›Hühnergrab‹ und passierten es ungerührt. Eine Birkenallee führte sie bald in den Wald, wo die ›Kraniche des Ibykus‹ auf sie warteten oder vielleicht der Kaiser Tiberius? Dann stützte sich Nonno auf seinen Spazierstock und rief in klagendem Ton: »Vare, Vare! Redde mihi legiones!« Und die Waldkatze verwandelte sich augenblicklich in den Teutoburger Wald. Germanen und Römer lauer-

ten hinter dünnen Fichtenstämmen, versanken im Morast oder wandelten wunderbar durch alle Gefahren, weil sie den geheimen, sicheren Weg durch die tödlichen Sümpfe kannten.
Pünktlich um sechs Uhr abends mußten sie wieder bei Oma sein, dann gab es nämlich die berühmte Mahlzeit, die ›Kaffee-und Abendbrot-zusammen‹ genannt wurde. Dazu aß man Honig- und Wurststullen, Tomaten mit Schnittlauch, und wenn die Kinder zu Besuch da waren, gab es auch noch Rührei.
»Wirf die elektrische Maschine an, Karlchenken!« sagte Oma zu Nonno, wenn sie Kaffee machen wollte, und meinte damit den zweiflammigen Gasherd, der neben dem echten Feuerherd in der Ecke stand. Für sie, die die längste Zeit ihres Lebens ohne Elektrizität gelebt und einen Gasherd überhaupt erst in der Stadt kennengelernt hatte, waren das alles unheimliche Sachen, die sie alleine nicht in Betrieb nahm.
Nonno schnitt das Brot mit einem scharfen Messer direkt vor seiner Brust, Oma brühte den Kaffee auf, und dann setzten sich alle um den Küchentisch vorm Fenster, das auf den Garten guckte und hinüber zu Rektor Göhrsens Haus, und tafelten. Nur den furchtbar heißen Kaffee, den Oma und Nonno gleich behaglich seufzend zu schlürfen begannen, konnten die Kinder noch lange nicht, auch nicht mit viel Pusten und Milch, in den Mund nehmen.

Holzkathen

Beinahe noch lieber gingen Anna und ihre Schwester im Winter zu den Großeltern. Meistens stiegen sie richtig durchgefroren die Treppe hinauf, wurden schnell aus Mantel und Stiefeln gepellt und gleich in die Wohnstube zum Kachelofen geschickt. Noch heute fühlt Anna das Behagen, wenn erst die Handflächen, dann die Schultern und schließlich der ganze Mensch die Wärme der grünen Kacheln bekam. Es wurde schon dämmerig draußen, aber sie machten noch kein Licht. Erst holte Nonno die Geige vom Schrank, wo sie in ihrem Kasten aufbewahrt wurde, spannte den Bogen nach und stimmte die Saiten. Und dann sangen sie alle vier, was das Zeug hielt: Advents- und Weihnachtslieder von der ersten bis zur letzten Strophe. Nur ›O du fröhliche‹ und ›Stille Nacht‹ mußten ungesungen bis zum Weihnachtsabend aufgehoben werden.

Allmählich vertiefte sich die Dunkelheit immer mehr. Es wurde jedoch nicht finster, weil von draußen noch ein ungewisser Lichtschein hereinfiel. Die beiden Alten und die beiden Kinder saßen jeder für sich, jeder wußte vom andern ... ob er aber wirklich da war? Alles Körperliche hatte sich verwandelt, war ein Schein oder ein Schatten geworden. Nur die Stimmen waren wirklich da. Sie trafen sich im Raum, und die Geigenstimme umspielte sie.

So hätte es lange weitergehen können, wenn Oma nicht darauf geachtet hätte, daß der Tag noch mehr zu bieten hatte.

»So Kinder«, sagte sie, »nun ist es aber genug! Ihr verdruselt euch noch ganz und gar in der Dunkelheit. Knips das Licht an, Vaterken!«
Nonno zog den Lampenschirm herunter und steckte mit einem Hölzchen die Kabelschnur am Spuleneingang fest, weil die Feder nicht mehr richtig halten wollte. Hell fiel das Licht auf eine Glasschüssel mit Äpfeln und Pfeffernüssen in der Mitte des Tisches.
Anna liebte die Pfeffernüsse, diese daumennagelgroßen, saftigen und zur Mitte sanft ansteigenden, honigbraunen Gebilde, die von den Geschwistern Lenk in der Mittelstraße gebacken wurden. Der Bäckermeister war Nonnos Freund, und sein Laden war etwas ganz Besonderes.
Von außen sah man es dem alten Haus gar nicht an, daß es auch einen Laden beherbergte. Man mußte es wissen. Erst wenn man die Haustüre, die sogleich eine scheppernde Glocke in Bewegung brachte, geöffnet hatte, zeigte sich links ein Schiebefenster, hinter dem alsbald das winzig kleine, alte Fräulein Lenk erschien, das Fenster nur ein wenig öffnete und nach den Wünschen der Kundschaft fragte. Augenblicklich strömte duftende Wärme in den winterkalten Hausflur, denn Pfeffernüßchen gab es nur in der Weihnachtszeit.
Hinter ihr im Regal stand eine verheißungsvolle Holzkiste.
»Zwei Liter, bitte!« sagte Oma, und dann ›goß‹ Fräulein Lenk das Backwerk aus dem Litermaß in eine braune Tüte, und es klapperte und duftete verlockend, denn zwei Liter waren eine erfreuliche Menge.

Nun lagen sie in der Schüssel auf Omas Tisch unter der Lampe. Die Kinder versorgten sich und machten es sich auf der Ofenbank gemütlich. Oma holte ihr Strickzeug und setzte sich auf einen geraden Stuhl ans Fenster, Nonno ging zu seinem Sessel an der Schmalseite des Kachelofens, legte den Kopf an das Polster zurück und schlug die Beine übereinander.

Während ihre Augen zufrieden über das Sofa mit dem ›gemuschelten‹ Bezug zu dem Luthertischchen mit Bibel und Gesangbuch auf der Häkeldecke wanderten, drückte Anna genüßlich ein Pfeffernüßchen nach dem anderen gegen den Gaumen, schmeckte Honig und andere Gewürze und fühlte, wie das ganze Zimmer durchzogen war von Ruhe und Wärme.

Schließlich setzte Nonno sich ein wenig auf, stützte die Ellbogen auf die Sessellehne und legte die Hände so aneinander, daß die Finger eine Art Dach bildeten und beide Daumen den Querbalken dazu.

Nun war es so weit! Das Erzählen würde beginnen. Und das konnte auf der weiten Welt keiner so gut wie Nonno, davon waren die Kinder fest überzeugt.

»Als Odysseus«, begann er also, »die Insel der Zyklopen verlassen hatte ...«, aber da unterbrachen sie ihn schon:

»Nein, Nonno! Das nicht, bitte!«

»Soll ich euch lieber von den Nibelungen erzählen?«

Sie liebten die alten Sagen sehr und dachten manchmal, Nonno müßte mit Odysseus übers Meer gefahren und mit Siegfried von Xanten nach Burgund gezogen sein, so gut kannte er die kleinsten Einzelheiten, ihre Gewohnheiten und Worte.

Aber heute, an diesem Winterabend, wollten sie noch viel lieber etwas anderes hören. »Bitte, erzähl von Holzkathen, Nonno. Du weißt doch!«
Ja, er wußte und ließ sich auch nicht lange bitten.
Als sähe er durch das Fingerdach weit hinten am Horizont ein buntes Bild langsam näher kommen, so schaute er durch seine Hände und lachte dabei in sich hinein.
»Also gut«, sagte er, »begeben wir uns nach Holzkathen.«
Da vergaßen die Kinder, wo sie saßen, was um sie war und was sonst noch zu ihrem Leben gehörte, denn nun begann eine Zauberei: Plötzlich waren sie nicht mehr drinnen am Ofen, sondern weit draußen unterwegs. Der Winter vertiefte sich, wurde kälter, weißer und wilder. Zusammen mit Nonno wanderten sie über Landstraßen und Wege immer weiter nach Osten. Bald waren sie ganz allein in der Nacht unterwegs, zogen die Mützen tiefer in die Stirn, banden den Schal übers Kinn und gingen dicht nebeneinander. Von Norden her, vom Meer, über Dünen und Wiesen fegte der Wind und traf sie von links so heftig, daß sie energisch dagegenhalten mußten.
»Wie weit noch?«
»Vielleicht fünf Kilometer.«
Zuletzt beruhigte sich der Wind. Am grauen Himmel riß eine schwere Wolke auf wie ein Sack und schüttete ihren Schnee aus. Viele kleine, kalte Flokken deckten Straßen und Felder zu.
»Paßt auf, daß wir den Weg nicht verlieren!«
Und ein Weilchen später zeigte Nonno mit der

Stockspitze ins Schneegestöber und fragte: »Seht ihr da hinten nicht auch ein Licht?«
Ja, ganz fern, auf der linken Seite blinkte etwas durch das Flockenwirbeln. Es war das Schulhaus an der Straße nach Klucken.

Nonno hatte seine beiden kleinen Enkeltöchter viele Jahre zurückgeführt zu einem Platz, zu Menschen und Verhältnissen, die nur noch in der Phantasie zu erreichen waren. Sie sahen sich die drei Stufen zur Haustür hinauflaufen, sie leise öffnen, und dann standen sie mit Herzklopfen im Flur und hörten singen. Weihnachtslieder wurden geübt. Einer brummte vernehmlich. Das war, sie wußten es schon, Bernhard Knoop, der gerade Stimmwechsel hatte.
»Aber er sang nun mal so gerne mit. Was sollte man machen!« sagte Nonno.
Im Klassenzimmer, es gab nur eines in dieser Schule, saßen die großen und die kleinen Schüler ziemlich friedlich vereint in den Bänken. Nonno, jung und schön mit Schnurrbart, war der Lehrer. Er redete gerade dem brummenden Bernhard ins Gewissen: »Sing nur die mittleren Töne, hörst du! Laß die hohen und die tiefen beiseite. Die triffst du erst nächstes Jahr wieder. – Also nun noch einmal alle Mann: ›Hoch oben schwebt jubelnd der Engelein Chor‹, ganz zart und hell bitte – und deutlich! Sonst hört es sich an, als würdet ihr ›Hoch oben schwebubelnd ...‹ singen. Und dann lachten sie alle.

Nonnos Geschichten erzählten keine glanzvollen Ereignisse, eher von einem engen, eingeschränkten

Leben, sie waren komisch oder rührend, aber das Beste an ihnen war doch die Zustimmung, die Zuneigung zu diesem Leben.
Anna kann sich an niemanden erinnern, der so dringend und freudig gewünscht hat, noch einmal jung zu sein, noch einmal das gleiche Leben von vorne beginnen zu können, wie ihr Großvater Karl Garbe, der am 28. Dezember 1872 in Wendisch-Silkow in Hinterpommern geboren wurde. Dabei war es – von außen betrachtet – kein leichtes Leben gewesen; aber er hatte es gern gehabt, wie es auch war.
Der Vater, ein Dorfschneider, war im Krieg gegen Frankreich 1870/71 so schwer verwundet worden, daß er, als Nonno noch ein kleiner Junge war, an der Kugel starb, die aus seinem Kopf nicht mehr hatte entfernt werden können. Der Pastor sorgte dafür, daß der begabte Schüler mit zehn Jahren auf die Lehrer-Präparandenanstalt nach Ducherow geschickt wurde.
Das war Nonnos einzige ganz traurige Geschichte, wenn er erzählte, wie der kleine Junge Mutter und Geschwister verlassen und so weit wegfahren mußte – in die Fremde. Nur zu Weihnachten und in den großen Ferien durfte er heimkommen. Die Ausbildung in Ducherow war hart und streng – preußisch eben – und so waren auch die Lehrer. Aber unter vielen rigorosen und engen müssen auch ein paar gute, warmherzige gewesen sein, an die Nonno sein Leben lang voller Dankbarkeit dachte.
Als Junglehrer kehrte er nach Hinterpommern zurück, heiratete die Tochter des Virchenziner Kollegen und übernahm bald die einklassige Volksschu-

le in Holzkathen. Die kleine Landwirtschaft, die zum Holzkathener Schulhaus gehörte, ermöglichte es, eine Kuh zu halten, ein Schwein zu füttern, Kartoffeln für den Eigenbedarf zu pflanzen und einen großen Garten zu bebauen.
Die beiden Söhne, 1900 und 1906 geboren, sollten das Gymnasium in der Kreisstadt besuchen. Schul- und Pensionsgeld mußten nun monatlich bezahlt werden, und als im Ersten Weltkrieg die Lebensmittel knapp wurden, lieferte Oma aus ihrer kleinen Landwirtschaft, was sie nur erübrigen konnte, in die Stadt. Die Erinnerung an diese Zeit brachte sie jedesmal in Rage: »Wir zu Hause hatten kaum noch ein Ei. Alles bekamen die Fräulein Pensionsmütter, damit sie nur den Kindern ordentliches Essen kochten. Aber nein! Die sahen fast nichts davon! Und Martin bekam dann auch Tuberkulose.«
Omas Ältester wurde dafür angeblich der schnellste Kartoffel-Peller von Hinterpommern und ergatterte sich mit dieser Kunst seinen reichlichen Anteil am Pellkartoffelberg, der zum Mittagessen einfach zwischen die hungrigen Schüler auf den Tisch geschüttet wurde.

Das Leben der Großeltern bestand aus vielen Arbeitstagen, aber jeder siebte war ein richtiger Sonntag. Sie machten niemals eine Vergnügungsreise und lebten am Ende ihres langen Lebens so bescheiden wie am Anfang. In seinem 90. Lebensjahr erklärte Nonno, der die Nachbarn im Oldenburger Altersheim mit seinen Geschichten so gut unterhielt wie einst die Enkeltöchter am grünen Kachelofen: »Ja, ich

möchte noch einmal von vorne anfangen. Alles noch einmal von vorne! Leben ist eine herrliche Sache!«
Damals am Kachelofen, wenn Nonno von der Weihnachtszeit in Holzkathen erzählte, durfte die Geschichte von Irmchen Manskes Engelflügeln nicht fehlen, oder – noch richtiger:

Die Geschichte vom Engel und Brummochsen

Zu den Festesvorbereitungen im Schulhaus gehörte natürlich auch die Einstudierung eines Krippenspieles. Hirten und Engel waren dabei die beliebtesten Rollen: die einen, weil sie nur wenig Text verlangten, die anderen wegen der schönen Kostüme, besonders für die kleinen Mädchen mit den langen Zöpfen.
Im Jahr unserer Geschichte nun sprachen alle nur von Irmchens Kostüm und hauptsächlich von ihren Flügeln; denn sie konnte sich selber nicht genug tun, deren Schönheit im einzelnen und wiederholten auszubreiten. Weiße Pappe war mit weißem Stoff bezogen worden, und darauf hatte Irmchens Mutter aus goldenem Lametta und Gänsefedern etwas Einzigartiges gezaubert. Jeder echte Engel wäre zufrieden gewesen!
Das niedere Schauspielervolk – Maria und Josef entstammten sowieso dem reifsten und ältesten Jahrgang der Zwergschule und hielten sich aus so etwas heraus – das niedere Volk aber, Hirten und die anderen Engel, hörte die Beschreibungen mit Staunen und manchmal mit ein bißchen Neid. Natürlich probte man zunächst nicht im Kostüm, erst zur Ge-

neralprobe am 24. Dezember würden die Wunderflügel in Erscheinung treten.
Als Irmchen am Morgen des Heiligen Abends zur Schule wanderte, deutete nichts auf kommendes Unheil hin. Es war ein heller Morgen ohne Schneefall und Sturm. Kerzengrade stieg der Rauch aus den Schornsteinen, und weiße kleine Atemwolken pusteten die Kinder in die kalte Luft.
Irmchen war mit ihrer Freundin Gertrud tief in Engelkostüm-Gesprächen, als sie plötzlich von hinten ein Schneeball genau zwischen Kragen und Mütze traf.
Natürlich, Bernhard Knoop mit seinem Freund Heinz! Wer sonst? Irmchen lief es zwar kalt den Rücken herunter, aber in den Kopf stieg ihr die heiße Empörung. So eine Gemeinheit! Irgend etwas mußte geschehen!
Wie selten findet man in so einer Lage den richtigen Satz. Aber sie hatte ihn!
»Für dich, Knoopen-Bernhard«, schrie das wütende Irmchen, »für dich wüßte ich eine viel bessere Rolle im Krippenspiel! Du könntest ja tausendmal besser den Ochsen spielen als einen Hirten, du mit deiner feinen Brummstimme!«
Das konnte nun Bernhard nicht auf sich sitzen lassen. Jetzt ging es erst richtig los! Die Schneebälle flogen nur so, die bekannte Schlacht war im Gange. Die Tasche mit den kostbaren Flügeln hatte Irmchen aber auf die Seite gestellt.
Doch das unvernünftige Schicksal ließ den noch unvernünftigeren Bernhard leider die Tasche – und leider auch die blitzenden Flügel darin sehen. Mit

einem schnellen Griff hatte er sich die Engelzierde über die Schultern gezogen und lief nun, während Irmchen und ihre Freundin vor Entsetzen steif dastanden, gackernd wie ein Huhn durch den Schnee. Versuchte die Flügel hin und her zu schlagen, drehte sich, gackerte und rutschte – es war vorauszusehen gewesen – an einer glatten Stelle aus; fiel, platsch, auf den Rücken und lag da wie ein Maikäfer – aber wie ein vereister. Er war wie gelähmt, konnte sich überhaupt nicht mehr rühren, weil ihm endlich dämmerte, was für ein Verbrechen er da begangen hatte.
Als er sich schließlich doch hochrappelte, trug er nur noch einen zerknitterten Flügel an der linken Schulter. Auch dem fehlten schon ein paar Federn und viel Gold. Aber wo war der andere? Als man ihn endlich fand, hatte der Mehlkleister Zeit genug gehabt, sich mit dem Schneewasser zu verbinden. Die ganze einzigartige Dekoration war ins Rutschen gekommen, und Bernhards tölpelhafter Versuch zu retten, was zu retten wäre, ließ die klebrige, goldfedrige Masse endgültig in den Straßenschmutz sinken.
Nun malte Nonno Irmchens Jammer in den blühendsten Farben aus:
»Ach, das arme Kind!
Ach, wie hatte es sich gefreut!
Und was sollte nun bloß werden!«
Zum Glück packte der Jammer Anna und ihre Schwester nicht so furchtbar wie das arme Irmchen; denn sie wußten ja, wer helfen würde.
Nachdem nämlich die sehr ernüchterten Knaben und die vollkommen verzweifelten Mädchen endlich im

Schulhaus angekommen waren, nachdem unter Schluchzen und Drucksen dem Herrn Lehrer die ganze Katastrophe berichtet worden war und dieser trostreiche und heftige Worte an die richtigen Adressen verteilt hatte, schickte der kluge Nonno das untröstliche, flügellose Irmchen zu seiner Frau auf die private Seite des Schulhauses. Na, und Oma war denn auch voller Mitleid und Hilfsbereitschaft, aber von den Geheimnissen eines Engelflügels hatte sie keine Ahnung. Was sie schließlich aus frisch angerührtem Mehlkleister, Pappe und einem Entendaunenrest zustande brachte, soll einem Paar abnormer Kaninchenohren erheblich ähnlicher gesehen haben als den erwünschten Flügeln. Aber Irmchen hatte doch wieder etwas Fiedriges auf dem Rücken, und bekam zum Trost den besten Platz unter den Weihnachtsengeln – ganz nah bei der Krippe.

Überhaupt entstand Gutes aus dem nur scheinbar unheilvollen Ereignis; denn nach Jahr und Tag heiratete der Brummochse den gequälten Engel. Und das soll eine sehr glückliche Ehe geworden sein.

Nie gingen diesem Großvater die Holzkathener Weihnachtsgeschichten aus. Es war, wenn er so nachdenklich in seinem Sessel saß, als ließe er eine lange Kette schöner Steine durch die Finger gleiten. Heiter betrachtete er die einzelnen, prüfte den einen oder anderen Stein ein wenig länger, hielt ihn ein Stückchen weiter von sich weg, und beinah unvermerkt ging das Schauen ins Sprechen über.

Die Geschichte von der Josefsgans

Sie passierte im Ersten Weltkrieg in der Zeit, als alle Lebensmittel schon sehr knapp wurden. Wieder ging es um das alljährliche Krippenspiel:
»Es hatte mit der Rollenverteilung diesmal nicht so geklappt, wie ich es mir vorgestellt hatte«, erzählte Nonno, »ich wollte, daß Franz Klick den Josef übernehmen sollte, aber der wollte plötzlich nicht.
Nein, nein, und er hätte nicht so viel Zeit, den Text zu lernen. Und überhaupt: Der Josef, das sei doch eine komische Rolle. Eigentlich hätte er doch gar nichts Wichtiges zu tun! Eigentlich wär' der Josef doch bloß eine Rolle, um sich aufzuspielen.
Über diese Redensarten hatte Nonno sich geärgert. So eine Widerborstigkeit war ihm von seinen Krippenspielern in all den Jahren noch nicht geboten worden. Er ließ Franzen also links liegen und gab Martin Drews die Rolle, und Martin machte seine Sache auch ganz gut. Zwar hatte er nicht die tragende Stimme wie Franz – aber Schwamm drüber.
Nun passierte es, daß Franzens Vater von der ganzen Sache Wind bekam und sich gehörig über seinen Sprößling ärgerte, denn er war ein ehrgeiziger Vater – und Franz als Josef, das hätte ihm schon gefallen! Er ärgerte sich aber nur und tat weiter nichts.
Doch plötzlich kriegte die Angelegenheit von einer ganz unerwarteten Seite Druck. Franzens Patenonkel, der nur alle Jubeljahre mal aufkreuzte, meldete sich für die Feiertage in Holzkathen an und freute sich, wie er schrieb, auch auf das traditionelle Krippenspiel im Schulhaus.

Da saßen die Klicks nun, und es rumorte in ihnen. Alles hätte wunderbar sein können: Franz hätte den Josef gespielt und gut natürlich – bei seiner Stimme! Und der Patenonkel hätte geguckt. Und was war nun? Nichts! Gar nichts gab es. Nicht mal ein kleines Gedicht war für ihren Sohn übriggeblieben.
»Aber du wolltest ja nicht! Du mußtest dich ja drücken, fauler Kopp!«
Und die Eltern arbeiteten und kneteten an ihm herum, bis Franz ganz weich war, alles bereute und gern den Josef gespielt hätte, auch wenn es noch mehr Text und noch weniger Hauptrolle gewesen wäre.
So weit waren sie nun. Aber würde der Herr Lehrer sich erweichen lassen und die Rollenverteilung noch einmal ändern? »Laß mich man machen, Vater«, sagte Mutter Klick und stattete dem privaten Teil des Schulhauses – während der Unterrichtszeit natürlich – einen Besuch ab. Wortreich breitete sie die ganze unglückliche Angelegenheit vor Oma, der Lehrersfrau, aus und wollte Rat.
Der war nun nicht nur teuer – er war tatsächlich nicht zu haben. Alles war ja längst festgelegt. Jedes Kind hatte seine Rolle. Und nicht nur Martin selber, auch seine Eltern und die ganze Verwandtschaft freuten sich auf den Auftritt ›ihres‹ Josef. Es ließ sich nichts mehr ändern. Das war nun so.
In dieser schier ausweglosen Situation erwachte in Mutter Klick die Löwin. Sie war zum Kampf bereit, denn sie hatte zwei ganz hohe Trümpfe zu Hause in der Speisekammer hängen: Das waren zwei schöne Gänse, die beiden Weihnachtsgänse, die sie alljährlich ins Schulhaus lieferte. Es waren Kriegszeiten,

schlechte Zeiten, und die Lehrersfrau würde fest mit den Gänsen rechnen: für Spickbrust, Sülze, Pökelfleisch und Gänseklein; von Gänseflum und Gänseleberwurst gar nicht zu reden!

Nun lag die Sache also folgendermaßen: entweder spielte Franz den Josef und der erwartete Gänsesegen würde kommen oder – es war gar nicht auszudenken! In der Stadt warteten die unersättlichen Pensionsmütter, die Jungen freuten sich – und wer sonst noch alles!

»Karlchenken«, sagte Oma am Abend, als sie ihrem Mann alles auseinanderdividiert hatte, »du mußt dir etwas einfallen lassen.«

»Also ausgeschlossen! Ich denke gar nicht daran! Soll'n sie doch ihre Gänse sonstwo hintragen! Es ist eine Unverschämtheit!«

So ging das eine Weile, während Oma geduldig abwartete. »Laß es mich überschlafen, Mariechen«, sagte Nonno schließlich und zog sich die Decke über den Kopf.

Wie sollte einer wie Nonno, ein Freund von Odysseus und Siegfried, nicht Rat finden!

Am nächsten Morgen verkündete er seinen verdutzten Schülern, es solle in das Krippenspiel noch eine musikalische Einlage geschoben werden. Man müsse auch mal etwas Neues machen. Maria und Josef würden also nicht nur sprechen, sondern auch singen. ›Josef, lieber Josef mein ... und so weiter – ihr kennt das ja.‹

»Aber ich kann doch gar nicht gut singen, Herr Lehrer, ich treffe den Ton doch nie richtig!« wandte Martin ein. Und die vorgesehene Maria war sogar ent-

setzt: Nein, nicht vor den Leuten ganz allein singen! Das wollte sie nicht, und das könnte sie auch nicht! Nonno schaute rätselvoll über seine Klasse, die, verwirrt über die unerwartete Wendung der Dinge, in ein ungewohntes Schweigen versunken war.
»Ich hab's, Kinder!« sagte er schließlich. »Den singenden Josef und die singende Maria werden einfach zwei andere Schüler übernehmen. Wie wäre es mit dir, Christel? Du hast doch keine Angst, allein zu singen? Und den Josef? Ja, den Josef will ich nun noch ein letztes Mal Franz Klick anbieten!«
Und so geschah es, daß mitten im Krippenspiel die beiden vor den Stall, vor das Jesuskind, vor Maria I und Josef I traten, und zur Freude aller Leute, nicht nur der Klicks und des Stettiner Patenonkels, Franz als Josef II mit der zweiten Maria das alte Wiegenlied sehr schön und tragend sang.
»Von da an nannten wir die Klickschen immer die ›Josefsgänse‹«, sagte Nonno und lachte vergnügt.

Weihnachten in Holzkathen! Das mußte herrlich gewesen sein; denn Vorfreude und Erwartung gingen in Erfüllung. In Nonnos Erzählungen gingen sie so in Erfüllung, daß Anna und Nane ihm glaubten. Sind die schönen Geschichten, die wir uns aus einer vergangenen Zeit erzählen, wahr oder nur von unsrer Sehnsucht erfunden? Vielleicht können unsre Träume nur so erfüllt werden, und es ist schon viel, daß sie Worte finden.
Wenn Nonno sich mit seinen Geschichten ganz nah ans Fest heranerzählt hatte, dann mußte auch noch die allergrößte Vorfreude in Erfüllung gehen: die

Kinder, Günther und Martin, die beiden Gymnasiasten, mußten aus der Stadt nach Hause kommen.
Sie fuhren ›mit Gelegenheit‹, wie man das nannte. Ein Bauer aus dem Dorf, der in der Stadt zu tun hatte, brachte die Jungen auf dem Rückweg mit. Das war eine lange Fahrt. 25 Kilometer im offenen Wagen. Die Füße wärmten sie unterm Stroh, das am Boden des Wagens ausgeschüttet war, und oben schützten sie sich mit Pferdedecken. Aber wenn auf den Stufen vorm Schulhaus die Freude der Angekommenen und die Freude der Eltern zusammenfanden und sie sich umarmten und lachten – das war ein Festbeginn! Und eines war sicher, auch von diesem Fest würde eine Geschichte übrigbleiben, denn Nonno fand ja die Geschichten wie der Zauberer die Tauben in seinem Hut.
Zufrieden und satt von Geschichten, vom Rührei und dem heitern und nachdenklichen Hin und Her im Großelternhaus machten die Kinder sich schließlich auf den Heimweg – natürlich geleitet von Oma und Nonno. Nun hörten sie nicht mehr so genau zu, wenn Nonno den Aufbau einer Schleuse erklärte. Sie waren müde. Am Ende des Rosengartens, bevor man die große Straße überqueren mußte, standen sie alle still. Die Großeltern hielten die Kinder fest an den Händen und guckten sorglich nach rechts und links, ob vielleicht ein Auto käme. »Sauve qui peut!« rief Nonno, wenn die Luft rein war, hob den Spazierstock senkrecht in die Luft, und zu viert, in einer Reihe, stürmten sie über die Fahrbahn.
Vor dem Rathaus, wenn schon die Lichter des Hauses in der Hospitalstraße durch die kahlen Linden-

baumzweige leuchteten, nahmen sie Abschied. Immer wieder drehten die Kinder sich um und winkten den beiden Gestalten nach, die mit eiligen, kleinen Schritten in der Dunkelheit verschwanden.

Wie ein Krieg anfängt

Eine Sommergeschichte aus Holzkathen

Das Erzählertalent hatte Nonno seinem ältesten Sohn, der später Annas Vater wurde, vererbt. Auch er besaß die Gabe, allein mit Worten eine ferne Zeit wieder lebendig werden zu lassen.
Einmal, das war schon im letzten Jahr seines Lebens gewesen, hatte Anna ihren Vater nach einer Geschichte, irgendeiner Geschichte, aus seiner Jugend gefragt. Als hätte er auf diese Frage gewartet, hatte Vater gleich zu erzählen begonnen:
Es war unmittelbar vor dem Ausbruch des Ersten Weltkrieges, also im Juli 1914. Mein jüngerer Bruder Martin und ich genossen die großen Ferien und den herrlichen Sommer in Holzkathen nach der strengen Schulzeit in der Stadt. Den ganzen Tag waren wir draußen, spielten mit den andern Räuber und Gendarm oder verkrümelten uns in die Dünen. Du weißt ja, Dünenspringen war damals unser liebster Sport. Die Stöcke hatten wir bei den Fischerhütten versteckt, so konnten wir uns öfter mal heimlich da-

vonmachen, ohne mit den sperrigen Stöcken aufzufallen. Für einen erfahrenen Springer gibt es nichts Schöneres als diesen beinah schwerelosen Augenblick, wenn er, nach dem härtesten Anlauf und Hochschwung, gelöst von den Stöcken, einen Herzschlag lang mit weit geöffneten Augen wie ein Vogel auf das Meer zuschwebt. Man muß so gut sein, daß man diesen Augenblick wahrnehmen kann, denn schnell trägt dich die Schwerkraft zur Erde zurück. Dann liegst du ein paar Minuten zufrieden im Sand, hörst die Ostsee in ihrem gleichmäßigen Wellenschlag und guckst aus zusammengekniffnen Augen in den Sommerhimmel über dir.
Nach dem Springen traf ich mich mit Martin unten im Dünennest. Wir hatten keine Lust, nach Hause zu gehen, denn das hätte Johannisbeerenpflücken bedeutet; wir wollten viel lieber noch etwas über unser allergrößtes Thema sinnieren, und das war natürlich der Krieg. Seit Wochen schon kreiste alles, alles Tun und Reden, um die Kriegsfrage. Während wir da so lagen und uns die letzten Neuigkeiten, die wir in der Zeitung gelesen hatten, noch einmal erzählten und dabei den warmen Sand in feinen Gießbächen aus unsern Fäusten rinnen ließen, in so einem ganz friedlichen Augenblick fragte Martin plötzlich: »Wie fängt eigentlich ein Krieg an?«
Komisch, ich hatte darüber noch nie so richtig nachgedacht. Natürlich fing ich gleich an, von diplomatischen Schritten, Vertragsbrüchen und von dem Ultimatum vor der Kriegserklärung zu sprechen – schließlich war Geschichte mein Lieblingsfach, und ich hatte auf dem Stolper Gymnasium einen hervor-

ragenden Geschichtslehrer – aber ich war nicht zufrieden mit mir. Das mußte doch ein einzigartiger, überwältigender Augenblick sein, der Anfang eines Krieges. Bis jetzt hatte sich meine Phantasie immer nur mit Schlachten beschäftigt, da fehlte mir keine Einzelheit. Die schiefe Schlachtordnung Hannibals bei Cannae im Jahre 216 vor Christi Geburt oder die Schlacht bei Kunersdorf am 12. August 1759. Wie oft hatte ich die Aufmarschpläne der Feldherren und die Entwicklung der Kämpfe für meinen kleinen Bruder in den Sand gezeichnet!
Aber wie ein Krieg anfing?
Es mußte etwas mit Fahnen, Trompeten und vielen Soldaten sein, es mußte glänzend und ruhmvoll sein! Während ich noch etwas irritiert nach einer guten Antwort suchte, hörte ich Martins Stimme:
»Wenigstens wissen wir, wie ein Krieg in Holzkathen anfangen wird.«
Ja, das stimmte. Oft hatten wir uns das ausgemalt: Unser Vater würde an seinen Schreibschrank gehen, die oberste Schublade aufschließen und die Stahlkassette herausholen. Dann würde er mit dem kleinsten Schlüssel von seinem Schlüsselbund das Kassettenschloß öffnen, würde den rot versiegelten Umschlag herausnehmen, würde ihn aufreißen und die Gestellungsbefehle für Holzkathen in der Hand halten. Und wenn er die verteilte, dann würde tatsächlich der Krieg in Holzkathen anfangen. Aber bevor all das in Gang gesetzt werden konnte, mußte natürlich erst das Telegramm aus Berlin eintreffen, das unsern Vater ermächtigte, den versiegelten Umschlag zu öffnen.

Ich war etwas ernüchtert; ich wollte es mir gerne anders vorstellen; leuchtend, strahlend und – was weiß ich noch alles! So waren wir damals. Mein Vater allerdings hatte mir öfter schon gesagt: »Laß um Gottes willen deine Kriegsflausen, Jung! Glaube mir, Krieg ist etwas ganz anderes, als es in deinen Geschichtsbüchern steht! Etwas ganz anderes!«
Aber ich hatte natürlich meine eigenen Gedanken zu diesem Thema.
Es wurde Zeit, nach Hause zu gehen und unterwegs eine glaubwürdige Entschuldigung für die Verspätung auszudenken.

Als die Brüder sich dem Schulhaus näherten, sahen sie die Eltern draußen auf der Treppe dicht beieinander stehen und dem Telegrammboten nachgucken. Sie rennen los. Es wird ihnen heiß und kalt vor Aufregung. Sie haben keinen Zweifel darüber, was dieses Telegramm bedeutet. Sie stürzen an der wie versteinert dastehenden Mutter vorbei ins Haus, sehen den Vater beim Schreibschrank, rote Lackstückchen fallen auf den Boden, während er das Siegel mit seinem Taschenmesser zerstört. Nun hat er die Liste in der Hand und die Umschläge mit den Namen der Männer darauf, die sofort in den Krieg müssen. Der Vater liest und murmelt Worte, die sie nicht verstehen, dann blickt er auf, sieht die Kinder, wählt ein bestimmtes Kuvert aus und reicht es seinem Ältesten: »Lauf zu Wenzel, Jung, und liefer den Brief ab. Aber nur persönlich abgeben, hörst du! Du bist der Bote des Kaisers.«

Günther schiebt den Brief unters Hemd und rennt los. Barfuß rennt er über den festen warmen Sand der Dorfstraße, läßt die Häuser hinter sich, die wenigen Bäume, die Schatten geben. Ihm ist entsetzlich heiß, und sein Herz klopft wild. Zusammenhanglose Bilder tauchen in ihm auf und verschwinden wieder: ein Bote des Kaisers! Fanfaren am Burgtor! Prächtige Uniformen! Wie fängt eigentlich ein Krieg an?
Der Bauer Wenzel ist arm. Ein Pferd hat er nur. Die Ernte steht vor der Tür. Was soll aus der Ernte werden, wenn der Bauer in den Krieg muß? »Krieg«, hatte der Vater gesagt, »Krieg, ist etwas ganz anderes, als du dir träumst.«
»Ich soll Ihrem Mann einen Brief bringen!« ruft er der jungen Frau zu, die neben dem Haus im Garten arbeitet.
Sie lacht ihn an und zeigt mit dem Arm schräg hinter sich. Der Bauer Wenzel steht oben auf dem Dunghaufen. Er stützt sich auf seine Mistgabel, als er herunterlangt, um dem Jungen den Brief abzunehmen. Ein scharfer Geruch steigt Günther in die Nase und treibt ihm beinah Tränen in die Augen. Auf der erst halb entleerten Mistkarre sitzen grünblaue, schillernde Fliegen. Vor seinen Füßen sammelt sich Jauche in kleinen Pfützen.
Der Bauer liest. Eine leichte Bewegung geht durch seinen Körper. Die Schultern hängen ein wenig nach vorn. Er pendelt, denkt Günther. Dann, als ob er plötzlich aufwachen würde, sieht der Mann sich um. Solchen Ernst und solche Trauer hat der Junge noch in keinem Gesicht gesehen. Alles geschieht in Sekunden, und doch dehnt sich für den Boten jede zu

qualvoller Länge. Jetzt verändert sich das Bild des Mannes. Zorn überschwemmt ihn. Er reißt die Mistgabel hoch, holt aus und schleudert sie quer über den Hof, daß sie krachend gegen das Scheunentor schlägt.
Da rennt der Junge, rennt entsetzt zurück auf die Straße. Ihm ist schlecht, und Tränen machen ihn beinah blind. So fängt ein Krieg an, denkt er. So fängt also ein Krieg an.
Als Vater diese Geschichte erzählte, war Holzkathen mehr als sechzig Jahre weit entfernt. Gern war er damals fortgegangen aus dem kleinen Dorf, das doch beinah am Ende der Welt lag. Und gern war er auch wieder zurückgekommen – nicht ans Ende der Welt – in die Stadt, die sie auch Klein-Paris nannten.
Der Sohn des Dorfschulmeisters hatte es geschafft. Er konnte daran denken, in der Kreisstadt eine Anwaltspraxis zu eröffnen, und das war damals keine Kleinigkeit, sondern ein beachtlicher gesellschaftlicher Aufstieg.
So hatten seine Eltern es haben wollen. Dafür hatten sie ihr ganzes Leben gearbeitet und gespart. 1930 schien alles klar vorgezeichnet und sollte doch nicht länger als neun Jahre dauern.

Kinderleben

Das Hospitalstraßen-Haus lag mitten in der Stadt. Heute würde man nicht mehr so zentral wohnen wollen, aber damals war das eine angenehme Wohnlage, und niemand fühlte sich von der Straßenbahn, von einzelnen Autos und vielen Fuhrwerken, die über das Pflaster rumpelten, gestört.
Immer wieder drängt sich aus der Sommererinnerung ein Tag hervor: Donnerstag, der 12. Juni 1941. Anna sieht sich aus dem Torschatten heraus Richtung Bachstraße laufen. Noch ist der Tag mit Morgenwolken verhängt, aber bald wird die Sonne durchkommen. Alle andern Kinder sind schon in der Schule, aber sie darf heute zu spät kommen. Sie hat einen Entschuldigungszettel vom Medizinalrat persönlich in ihrem Tornister.
Dieser distinguierte Herr, dessen eleganter Stock mit Elfenbeinknopf noch immer im roten Flur an der Garderobe lehnt, hat gerade dem neuen, winzigen Bruder auf die Welt geholfen. Ein Junge ist angekommen! Und jeder hatte es erwartet, denn im Krieg werden Knaben geboren, das ist eine alte Erfahrung.

Während sie da so lief, fühlte Anna eine neue, unbekannte Dankbarkeit: Es war alles gut gegangen! In den letzten Wochen war Mutter die Schwangerschaft schwer gefallen, auch Todesgedanken hatten sie bewegt. Der Krieg dauerte nun schon zwei Jahre. Der Vater kam nur noch im Urlaub nach Hause. »Was wird werden, wenn mir bei der Geburt etwas passiert?« sagte Mutter eines Abends so vor sich hin, als wäre ein Satz, der ihr immerzu im Kopf herumlief, plötzlich herausgesprungen. Sie versuchte gleich, ihn wieder zu verwischen, fortzulachen, aber Anna hatte zugehört, und wie eine Riesenwelle war die Angst über ihr zusammengeschlagen. Nie war ihr in den Sinn gekommen, daß Mutter bedroht sein könnte. Sie gab dem Tag Ordnung und Richtigkeit, und in der Nacht schlief man leicht, weil sie da war. Ohne Vater, dachte Anna, ist das Leben nicht mehr so schön wie früher; aber ohne Mutter kann es überhaupt nicht weitergehen.
Aber nun war die Geburt vorüber. Die Hebamme und der Doktor versorgten Mutter. Den neuen Bruder mit dem roten, verknüllten Gesichtchen hatte sie auch schon gesehen. Alles war gut. Mutters schrecklicher Satz war ausgelöscht.
So kurz nach acht Uhr morgens war es noch ruhig in der Stadt. Der Straßenfeger kehrte die Pferdeäpfel zusammen, Ladentüren standen offen, irgendwo arbeiteten Handwerker. Ihre kurzen Hammerschläge klangen lustig zu Anna herüber. Am Ende der Bachstraße blieb sie einen Moment bei den Vogelkäfigen stehen, die ein Parterre-Bewohner ins Fenster ge-

stellt hatte. Vom Bahnhof her bog der große Möbelwagen von Emil Tews um die Ecke.
›Mein Bruder ist glücklich geboren!‹ dachte Anna, ›und ich geh' gern durch diese Straßen.‹
Das Schulhaus aber lag wie erstarrt unter einem unheimlichen Zauberbann. Wo sonst alles lärmte und rannte, der Platz immer zu eng war für die vielen Kinder und man vor lauter Stimmen nichts verstehen konnte, gähnte jetzt das leere, steinerne Treppenhaus. Entsetzlich zu denken, es könnte einer kommen und sie bemerken! Viel zu laut hörte sie ihre Schritte im Flur, und der Geruch – dieser eigentümliche Geruch nach Reinigungsmitteln, Kreide und Tinte, nach altem Butterbrotpapier und Apfelkäutzen – benebelte sie, machte sie dumpf. Hinter den vielen geschlossenen Türen hörte sie die lauten Lehrerstimmen, die leisen Antworten der Schüler, unerklärliche Stille und dann plötzlich aufbrausendes Gelächter. Anna fühlte sich hilflos, schuldig. Niemals konnte man das, was zu Hause geschah, mit der Schule glücklich verbinden. Sie hielt den Entschuldigungszettel wie eine weiße Fahne vor sich, und das Herz schlug furchtbar schnell und laut, als sie an die Tür ihrer Klasse klopfte.
Die Lehrerin war eine strenge, energische Frau, die nicht viel von ›Gefühlsduseleien‹ hielt. Sie studierte den Zettel mit ernstem Gesicht, nickte kurz und zustimmend und drehte die vor ihr stehende Anna schwungvoll zur Klasse, legte ihr die Hände auf die Schultern, daß kein Entkommen mehr möglich war, und sagte: »Eure Kameradin hat gerade ein Brüderchen bekommen, da woll'n wir ihr mal tüchtig gra-

tulieren!« Und während Anna das Blut in den Kopf stieg, bis sie vor lauter Hitze gar nichts mehr fühlte, brüllte die ganze Klasse aus einer vielstimmigen Riesenkehle: »Wir gratulieren!«

Zu Hause im Kinderzimmer war das Verhältnis nun drei zu zwei: Anna, Nane und Jette auf der weiblichen und auf der anderen Seite Ulrich und Dietrich. Aber natürlich ging es in der Machtfrage nicht nach dem Geschlecht, sondern nach dem Alter. Anna und Nane herrschten, soweit möglich, über die beiden Kleinen, während das Baby noch ganz in Mutters Schutz lebte.

Diese beiden sogenannten Kleinen wurden nach dem Urteil der großen Schwestern unverantwortlich vorgezogen. Sie galten zwar als zart und schutzbedürftig, aber leicht konnte man die Raffinesse durchschauen, mit der sie sich Vorteile zu verschaffen wußten. Sie waren nicht ›unwiderstehlich‹, wie manche erwachsene Tante flötete, wenn sie den üblichen Besuch im Kinderzimmer machte, sie hatten einfach ihre Tricks und daß sie noch dazu so besonders hübsche Kinder waren, das vertiefte die allgemeine Ungerechtigkeit ja nur!

Wie unmittelbar konnten Jettes dunkle, beinah schwarze Augen Zorn und Freude, Mut und Angst widerspiegeln! Mehr als alle Worte es hätten sagen können. Wollte sie aber etwas Bestimmtes erreichen, dann stellte sich die kleine Schöne vor dem großen Menschen auf, ging ein wenig in die Knie und guckte ihr Opfer von unten herauf so innig und dringend mit den dunklen Augen an, daß es schnell zu schmelzen begann. Wurde sie dann, was beinahe im-

mer geschah, mit einem großen Schwung und zärtlichem Gebrumm hochgehoben und nach ihrem Wunsch gefragt, gab es kein billiges Triumphieren. Nein, sie flüsterte nur noch ein paar Stichworte in das große Ohr und wartete ruhig ab.
Aber nicht nur das! Es war ihr auch das erlösende Wort für das riesige Ölbild, ein pietätvoll zu behandelndes Erbstück, eingefallen, das eine üppige Venus zeigte und eigentlich immer eine gewisse Peinlichkeit hervorrief, denn es lebt sich nicht leicht mit so viel Nacktheit an der Wand. Als die kleine Jette nun eines Tages die Venus entdeckt und sie genau studiert hatte, war sie eilig zum Vater gelaufen, hatte ihn vor das Bild geführt und voller Mitleid ausgerufen: »Guck bloß mal! Die arme kalte Tante!«
Seitdem war die ungemütliche Venus ein lieber Hausgenosse geworden. Ja, ein Quell ständiger Freude, wenn man sich an Jettes Kommentar erinnerte.
Der kleine Bruder – endlich ein Junge nach drei Mädchen – war Mutters Augapfel. Und man konnte ihm wirklich schwer widerstehen, denn er besaß die besondere Gabe, den Dingen eine eigene und meistens hübsche Wendung zu geben.
Seine schönste Geschichte hatte mit der ganz unerwarteten Verwandlung einer mütterlichen Erziehungsmaßnahme zu tun: Im Prinzip hielt Mutter zwar einen stolzen Grundsatz ihres Elternhauses ausdrücklich hoch, daß nämlich Bürgersleute sich nie beim Adel anzubiedern hätten; aber eine gewisse Verfeinerung der täglichen Sitten nach dem adligen Vorbild bejahte sie doch. So wurden alle ihre Kinder zum Handkuß angehalten: Einer alten, verehrungs-

würdigen Dame hätte man – auch als Mädchen – die Hand zu küssen. Mutter würde das auch tun. Die Schwestern akzeptierten das leicht, denn sie kannten einige alte Damen, die sie gerne so begrüßen wollten und – wie Mutter hoffte – nicht ohne Anmut.

So weit, so gut! Der kleine Bruder aber bekam tatsächlich regelrechten Unterricht im Handküssen. Da er weder Ehrgeiz noch besondere Begabung für Mutters Pläne besaß, die wohl aus ihrem Sohn jenen strahlenden Ritter machen wollte, von dem sie selber als junges Mädchen auch nur geträumt hatte, wurden die Übungen häufig wiederholt. Und die großen Schwestern fanden es affig.

Bis der kleine Bruder eines schönen Sommertages den Dingen seine eigene Wendung gab. Da besuchte nämlich ein Leierkastenmann den Hof und spielte auf seiner Orgel Stück für Stück. In allen Stockwerken gingen die Fenster auf, und kleine, in Zeitungspapier gewickelte Münzen wurden hintergeworfen. Der Leierkastenmann ließ immer erst ein paar Päckchen zusammenkommen, dann unterbrach er seine Musik, sammelte ein, nahm die Mütze ab, dankte zu allen Rängen hinauf und spielte noch ein Stück.

An diesem Tag war dem kleinen Bruder erlaubt worden, die Münze persönlich zu überreichen. Er wurde also die Treppen hinuntergeleitet, während Mutter und alle andern Frauen der Familie oben in den Fenstern lehnten und dem Dreijährigen zuschauten.

Der Leierkastenmann bekam das Geldstück strahlend überreicht, freute sich selber über den netten

Kleinen und spielte noch ein extra lustiges Stück zum Dank, während Ulrich wie verzaubert neben ihm stehenblieb. Als das Liedchen zu Ende war, streckte er begeistert die Hand nach oben, der Leierkastenmann reichte ihm seine herunter – und bekam einen innigen Handkuß!
Seit diesem Tage gab es keine ›Handkuß-Lektionen‹ mehr, und es blieb ungeklärt, ob Mutter sich von ihrem Schüler überfordert fühlte oder die ›Adressatenfrage‹ in dieser Angelegenheit lieber nicht mehr erörtern wollte.
Beinahe zwei Jahre dauerte der Krieg schon, als der kleinste Bruder geboren wurde; und als er vierzehn Wochen alt war, begann der Feldzug gegen Rußland. Krieg drohte nun aus allen Himmelsrichtungen, aber das Leben der Kinder lief beinahe unberührt weiter. Wohl waren die meisten Männer Soldaten geworden und nur auf Urlaub in der Stadt; doch die Großeltern blieben da, die Tanten, die Cousinen, und die Schule brachte Freude und Ärger, neue Freundschaften und die erste echte Enttäuschung, als Annas beste Freundin es vorzog, lieber zu einem adeligen Mädchen aufs Land zu fahren, als mit ihr am Sonntag eine Radtour in die ›Waldkatze‹ zu machen.
Das häusliche Leben ging seinen vertrauten Gang. Die Frauen und ihre Kinder hatten sich im Krieg eingerichtet. Trotzdem muß der Vater an allen Ecken und Enden dieses Lebens und mittendrin gefehlt haben. Was wurde aus Morgen, Mittag und Abend ohne ihn?
Morgens – damals im Frieden – wenn er ins Büro

ging, lagen die Kinder noch im Bett. Aber sie warteten schon, daß er die Schlafzimmertür einen Spalt öffnen und sich mit einem vergnügten Satz von ihnen verabschieden würde. Ihr Teil des Morgenrituals bestand in einem dreistimmigen Rezitativ. »Wiedersehn! Grüß Onkel Sperling und den Löwen schön!« Onkel Sperling war Vaters Sozius, und der Löwe lag als Teppich vor dem Schreibtisch. Aber wenn Anna sich Vater in seinem Büro vorstellte, sah sie ihn am Fenster stehen und auf den Marktplatz hinausgukken. Der Löwe hatte die Tatzen aufs weißgestrichene Fensterbrett gelegt, von dem die Farbe schon etwas abblätterte, und beobachtete aufmerksam die Marktfrauen rund ums Blücherdenkmal, und der Sperling hüpfte vergnügt vor den beiden hin und her.
Pünktlich um ein Uhr versammelten sich alle zum Mittagessen. Mutter konnte wunderbar kochen, und so waren alle von wohliger Erwartung erfüllt, abgesehen von der kleinen Sorge um die ›Kartoffelprobe‹. Kartoffeln waren und sind den Hinterpommern eine Lebensnahrung. Auf ihren Feldern wuchsen ja auch die herrlichsten Kartoffeln: gelbe, weiße und rote, runde und ovale, mehlige und feste, und alle schmeckten. Wenn die Tante aus Berlin erklärte: ›Kartoffeln gehören in den Keller‹! und sich nur Fleisch und Gemüse auffüllte, konnte sie einem nur leidtun; es mußte ja gräßlich in ihrem Magen aussehen! Nudeln und Reis galten in Annas Familie als etwas unseriös: Man aß Salzkartoffeln – jeden Mittag, abgesehen von den seltenen Malen, wenn es Stampf- oder Pellkartoffeln gab. Und die von dem bekannten Major Bratz erfundenen ›Bratzkartoffeln‹ erheiterten

zwar die Gemüter, sooft die Namensbildung erörtert wurde, und regten ständig zu neuer Legendenbildung an, doch aß man sie allenfalls zum Abendessen.
Aber jeden Mittag hob Vater erwartungsvoll den Deckel von der Kartoffelschüssel, stellte zufrieden fest, daß sie anständig dampften und probierte mit seiner Gabel, ob sie sich auch im richtigen Zustand befänden. Sie durften nicht zu lange und auf keinen Fall zu kurz, sondern mußten eben richtig gekocht sein. Im einen Fall lautete das vernichtende Urteil ›Pampe‹, im andern ‹Wrucken‹! Beides war fürchterlich, denn von der Mittagstafel war nicht mehr viel zu erwarten. Vater würde auf jeden Fall ›schwierig‹ werden. Im günstigsten Fall würde er von seiner eigenen Klage-Virtuosität eines guten Moments so entzückt sein, daß er lachen mußte und der Trauerfall für diesmal erledigt war.
Aber meistens waren sie natürlich genau richtig, die geliebten Kartoffeln, und alles lief angenehm. Die großen Leute führten ihre Gespräche, aber auch die Kinder durften mitreden. Nur wenn es zu schlimm wurde, seufzte Vater theatralisch und erinnerte sich wehmütig der schönen Zeiten, als Kinder bei Tisch schweigen und stehen mußten. Das war der Auftakt zu noch größerer Munterkeit, und jedes versuchte eine pfiffige und witzige Antwort zu finden, weil man doch sah, wie das dem Vater gefiel.
Die Wogen glätteten sich erst wieder, wenn das Hauptgericht gegessen und die Zeit für den Nachtisch da war. Dann griff Mutter nach der kleinen birnenförmigen Klingel, die unter der Lampe hing und drückte das weiße Knöpfchen. Wenig später öffnete

sich die Tür vom Küchenflur, und Emmi erschien, räumte abgegessene Teller und Schüsseln weg, verteilte Glasteller und stellte das Dessert, die sogenannte ›Speise‹, auf den Tisch. Manchmal gab es Apfelmus oder Kompott, häufiger Schokoladen- oder Grießspeise, die eine mit Vanillesoße, die andere mit Obstsaft dazu. Immer erschienen sie in einer besonderen Gestalt: als weißes Kaninchen oder schwarzer Fisch – das war Geschmackssache. Anna liebte den Grieß in der Form einer großen Traube am meisten. Sie versuchte immer, ein Stück zu erwischen, in dem die Beeren rund und prall nachgebildet waren. Jede einzelne hob sie sorgfältig mit dem Löffel heraus und fühlte sie mit der Zunge nach.
Aber viel Zeit blieb nicht für solche ›Faxen‹, denn Vater aß schnell und guckte ungeduldig, wenn die Kinder nicht vorankamen. Nane sprach zum Abschluß das Dankgebet, während Anna vor der Kartoffelprobe gebetet hatte, und dann stand Jette, die kleinste Schwester, schon in Positur und wartete auf ihren Part. Vater erhob sich, warf die Serviette auf den Stuhl, schaute seine Tochter ernst an und fragte: ›Was brauchen wir beide?‹ ›Viel Schlaf!‹ war die prompte, selbstlose Antwort, und beide verließen Hand in Hand das Eßzimmer – Vater, um auf der grünen Chaiselongue eine kurze Mittagspause zu halten, seine kleine Jette, um den ungeliebten, aber unabänderlich verordneten Mittagsschlaf in ihrem Gitterbett hinter sich zu bringen.
Einmal war Vater mit einer Sensation aus dem Büro nach Hause gekommen: Max Schmeling, der gerade Weltmeister im Schwergewicht geworden war, hatte

sich angemeldet, war in Vaters Büro erschienen und hatte ihn zum Notar bestellt. Der berühmte Boxer wollte sich ein Gut in Hinterpommern kaufen. Während ganz Deutschland über seinen fabelhaften Sieg aus dem Häuschen war, saß der Sieger Vater am Schreibtisch gegenüber und ließ sich den Kaufvertrag erklären! Tante Käte und Emmi bekamen große Fotografien mit Autogramm geschenkt, und Vater, der selbst nicht Auto fuhr, wurde im offenen Sportwagen des Boxers über die hinterpommerschen Landstraßen kutschiert, daß ihm Hören und Sehen verging.

Anna war damals gerade sechs Jahre alt und hatte nur eine sehr vage Vorstellung von einem Boxkampf. Aber der dumme Spruch, den man damals in den Straßen der Stadt immer wieder hatte hören können, der blieb ihr im Gedächtnis: »Wißt ihr schon das Neuste! Max Schmeling boxt mit Fäuste!«

»Es ist doch falsches Deutsch«, sagte Anna zu Mutter, als sie neben ihr durch die Neue Torstraße lief und den Spruch überall herumschwirren hörte.

»Gar nicht falsch!« meinte Mutter lachend. »Es ist zum Freuen und soll sich eben reimen.« – Das war im Sommer 1936.

Auch zum Abend hatte der Vater gehört, wenn es ein richtiger Abend sein sollte. Zwar wurde am Abend nicht gemeinsam gegessen, aber die Eltern waren doch in der Nähe, wenn die Kinder bei Emmi in der Küche ihren Milchbrei löffelten, und sich Schauergeschichten erzählen ließen: Wie ein Bauer den Arm in die Dreschmaschine bekommen hatte, wie einmal ein Junge beinah gestorben wäre, weil ein Kessel mit heißem Pflaumenmus sich über ihn ergossen hatte, wie der Blitz in die Scheune einschlug und das verängstigte Vieh immer wieder ins Feuer gerannt war... Die Haare sträubten sich bei Emmis Erzählungen, der Milchbrei wurde kalt und wollte nicht mehr in den Magen rutschen, und der Zwerg, der auf Annas Tellergrund gemalt war, würde wohl wieder nicht in Erscheinung treten, aber alles war halb so schlimm, weil die Eltern beide da waren.

Wenn es Abend wird – das war ein ungeschriebenes, aber ernst genommenes Gesetz – muß alles in Ordnung sein.

Zu dieser Ordnung gehörte, daß die Schularbeiten fertig und die Tornister gepackt waren, daß die Kinder sauber gewaschen im Bett lagen, während die Eltern noch Abendbrot aßen, und die Türen in der Wohnung weit offen standen, damit sie sich gegenseitig hören könnten. Man legte sich auch nicht zum Schlafen, ohne die Zankereien mit den Geschwistern wirklich beendet und sich bei Mutter für die anderen Bosheiten des Tages entschuldigt zu haben. Sie hatte ja die Kraft, alles richtig und ganz zu vergeben und Annas Herz leicht zu machen, daß es wie eine vergnügte Schäfchenwolke in die Nacht segelte.

Zuletzt kamen die Eltern zum Beten. Mutter setzte sich auf den Bettrand und faltete ihre Hände über Annas Hände, während Vater groß und dunkel neben dem Bett stand. Die Tür zum Flur durfte immer noch einen Spalt offen bleiben. Ein schmaler Lichtstreif

fiel in das Zimmer der Kinder, von weitem waren noch ab und zu Schritte zu hören und leise Worte der Eltern. Irgendwann in der Nacht würde die Tür ganz geschlossen werden.
Seit September 1939 war das nun alles anders geworden. Die Kinder waren allein mit der Mutter. Sie mußten sich ohne Vater einrichten.
Wie machten sie das? Wie füllten sie den leeren Platz? Waren es Träume? Briefe? Dinge, die Vater manchmal nach Hause schickte? Vielleicht den Steckkalender auf einem faustgroßen Stück Bernstein, den Anna zum zehnten Geburtstag irgendwoher geschickt bekam? Oder das Bild vom Hradschin?
»Dahin wollen wir, wenn wieder Frieden ist, zusammen fahren«, hatte Vater geschrieben. »Und dann erzähl' ich Dir vom Prager Fenstersturz, von Wallenstein und vom Dreißigjährigen Krieg.«
Wenn Vater auf Urlaub kam, war das ein Fest! Alles, alles war von Freude, war wie von doppeltem Leben erfüllt.
Alle guten Dinge wurden hervorgeholt, nur Lieblingsspeisen gekocht, nur die besten Schulnoten aufgetischt und die schönsten Kleider getragen.
Vater nahm Anna mit in ihre gemeinsame Lieblingsbuchhandlung in der Langen Straße und kaufte ihr ein Buch, ohne daß Geburtstag war. Vater hatte Zeit zum Vorlesen und Erzählen. Es waren wunderbare Tage! Aber die richtigen, alltäglichen Tage waren es nicht mehr.
Selten sahen die Kinder Bilder vom Krieg. Aus dem Radio tönten Sondermeldungen vom Führerhauptquartier. Das sollte irgendwo im Wald unter der Erde

liegen. Anna und Nane bastelten Fähnchen aus Buntpapier und Stecknadeln und steckten auf der Landkarte von Frankreich die deutsche Front ab. Das sah hübsch aus. Dort irgendwo war der Krieg, nicht in ihrer Stadt.
Wohl war Franz Donow, der erst neunzehn Jahre alt gewesen war, in den ersten Tagen des Polenfeldzuges gefallen. Aber schon das Wort ›gefallen‹ gab dem Ereignis etwas Unwirkliches. Er war nicht gestorben wie die kleine Urgroßmutter Anna, deren Begräbnis die Urenkelin miterlebt hatte. Der junge Soldat war auf ›dem Felde der Ehre‹ gefallen. Die Frauen weinten, saßen still zusammen und hielten ihren Schmerz von den Kindern fern. In Hinterpommern begann der Krieg leise und langsam.

Nach Stolpmünde

In dem Jahr, als der kleine Bruder geboren wurde, fuhren sie nicht, wie sonst jeden Sommer, nach Voßberg ins Jagdhaus. Zum Trost durften Anna, Nane und die beiden Kleinen an allen schönen Tagen ans Meer fahren, durften viele interessante kleine Reisen nach Stolpmünde machen, solange die Sommerferien dauerten.
Von Tante Käte geleitet, bestiegen sie zeitig am Morgen den Zug und natürlich einen Waggon mit ›nichtdurchgehenden Abteilen‹. Jedes Abteil hatte seine eigene Tür nach draußen, als wenn man in seinem eigenen Zug säße. Das Beste war aber doch, wenn zwischen Flinkow und Strellin plötzlich draußen vorm Fenster mitten im Fahren ein Kopf auftauchte, wenn die Tür aufgerissen wurde und durch den Sog, durch das Wehen und Rattern der Schaffner wie ein Geist ins Abteil glitt. Er roch nach Wasserdampf und Koks und hatte etwas von einem Zirkuskünstler an sich, der sein Leben riskierte, bloß um ihre Fahrkarten zu kontrollieren.
Wenn er dann die Abteiltür wieder aufstieß und nach

draußen in die zischenden Dämpfe hinabstieg, drückte Anna das Gesicht fest an die schmutzige Scheibe, aber nie sah sie, ob der Fuß das nächste Trittbrett fand und die Hand den Griff am Nachbarabteil. Es blieb eine unheimliche Sache.
Noch einmal, in Arnshagen, hielt der Zug, und dann kam schon Stolpmünde. Da, wo die Stolpe in die Ostsee mündet, wo schon immer die Fischer zum Fang hinausfuhren und später ihre Ware auf dem schiffbaren Fluß in die weiter oben gelegene Stadt brachten, war im 19. Jahrhundert ein nicht unbedeutender Handelshafen entstanden.
Wenn die Kinder die vielen eisernen Stufen am Bahnhof hinunterliefen, roch es schon nach Teer und Hafenwasser und nach den geräucherten Flundern, die überall verkauft wurden. Ein Weilchen blieben sie stehen und sahen die Schiffe an, die dikken Taue, die sie an ihren Plätzen festhielten, und erblickten drüben auf der anderen Hafenseite die graue Fassade der Speicher mit der Aufschrift C. E. GEISS. Aber mehr noch zog es sie nach der anderen Seite, nach Osten, wo die Dünen schon zu sehen waren. Gleich würden sie die Sandalen von den Füßen ziehen, den kühlen Morgensand fühlen, und vor ihnen würde das Meer liegen, immer anders als erwartet, immer ein Wunder!
Jetzt laufen sie. Jeder will der erste sein, will als erster, atemlos und glücklich an die Tür des Badehäuschens gelehnt, das alles wieder in Besitz nehmen.
Auch das Badehäuschen gehörte dem Großvater, ein Lieblingsplatz der Familie schon vor dem Ersten Weltkrieg. Es war ein Holzhäuschen, ein Einzim-

merhäuschen mit einer kleinen Veranda davor und einem kühlen Kellerloch darunter. So stand es da: eng an die Dünen angelehnt, ein Schutz gegen Wind und Sonne und ein herrlicher Sitzplatz ganz nah am Wasser.
Für kleine Kinder sind kleine Häuser die liebsten. Alles ist immer zusammen. Alles ist versammelt. Nicht nur die Menschen, die zu einem gehören und auf der Eckbank dicht beieinander sitzen können; ganz nah in den Wandschränken sind auch Gläser und Teller und überhaupt alle Geräte untergebracht, die man braucht. Am Kleiderhaken hängt über Großvaters türkischem Bademantel eine komische Mütze, die ein junger Onkel vergessen hat, und im Netz liegen noch ein paar müde Gummibälle vom letzten Sommer.
Nie trat man beim ersten Versuch mit ruhigem Fuß auf die Falltür; es hätte ja in der langen Winterzeit etwas morsch geworden sein können. Aber die starken Bretter hielten, solange das Häuschen stand; der faszinierende Kellerraum blieb verschlossen, blieb den Erwachsenen vorbehalten. Was alles konnte da unten verborgen sein! Vielleicht vergessenes Spielzeug aus der Zeit, als Mutter noch klein war, oder sandige Bücher mit alten Postkarten als Lesezeichen drin. Geheimnisse, die unbedingt entdeckt sein wollten. Als Anna und Nane die schwere Tür hinter Tante Kätes Rücken dann doch eines Tages hochbrachten, fanden sie nichts als Sand und Bierflaschen. Was sie nicht hinderte, in ihrer etwas abgelegenen Sandburg, wo niemand sie plötzlich stören konnte, eine phantastische Geschichte auszuden-

ken über die Dinge, die doch eigentlich da unten gelegen haben mußten.

Strand- und Wassergeräusche umgaben die Kinder wie eine durchsichtige Glocke und rückten die Wirklichkeit weit fort. Sie träumten und erzählten sich Träume, spürten den warmen Sand im Rücken und unter den Handflächen und starrten gedankenlos nach oben in den Sommerhimmel.

Da flog ein kleines Flugzeug und zog einen Sandsack hinter sich her als Ziel für die Flackgeschütze auf dem Schießplatz, drüben auf der anderen Seite der Mole. Es sah hübsch aus, wie das Flugzeug kreiste und runde weiße Wolken, kleine Explosionswölkchen, hinter ihm erschienen. »Sie haben mal wieder in den Himmel geschossen«, dachte Anna und lachte über das lustige Bild. Es hatte etwas Leichtes, beinahe Spielerisches. Vor solchen Kriegssachen konnte man sich nicht fürchten, denen guckte man, ausgestreckt in der warmen Sandmulde, behaglich hinterher.

Wie er wirklich werden würde, dieser Krieg, das hätten sich die Kinder im Traum nicht vorstellen können! Wie da alles tot sein würde an diesem Platz, in weniger als vier Jahren! Die Soldaten vom Schießplatz irgendwo im Land ringsum gefallen und vergraben. Die fröhlichen Ballspieler und Schwimmer geflüchtet, vertrieben und viele, viele ertrunken, erfroren in der Ostsee, da draußen, wo die Augen noch hinreichten. Großvaters Badehäuschen zerbrochen und fortgespült.

Nein, die Kinder träumten und erzählten sich aufregende Piratenüberfälle, vor denen alle Guten wun-

derbar gerettet wurden, und holten sich am Ende einen Sonnenbrand. Abends kam der Wind und kühlte die heiße, rote Haut. Müde trotteten sie zurück zum Bahnhof. Der Sand in den Sandalen rieb die Fußsohlen, bis sie brannten.
Arnshagen – Strellin – Flinkow – alles voller Sand! Auch die letzten Stullen, die wie immer mit Wildschweinwurst belegt waren, knirschten zwischen den Zähnen.
»Was aus einem zahmen Schwein werden kann, muß auch bei einem wilden möglich sein«, hatte Vater eines Tages erklärt, als Fleisch und Wurst immer knapper wurden. Er hatte im Voßberger Wald eines geschossen und nach Hause gebracht. Ein Hausschlachter kam und half beim Zerlegen und Verarbeiten. Und dann gab es Wildschweinschinken und Wildschweinsülze – zu besonderen Gelegenheiten. Das ging ja noch, wenn man reichlich Bratkartoffeln dazu nehmen konnte; aber die Wurst vom Wildschwein, die war hauptsächlich hart und salzig und mußte lange im Munde hin- und hergeschoben werden, bis sie in den Magen rutschte.
Müde kletterten die Kinder zuletzt aus dem Bummelzug, müde zottelten sie die breite Straße hinunter, die von einer baumbestandenen Allee in zwei Fahrbahnen geteilt wurde. Früher war das mal die Bahnhofstraße gewesen, aber nun hieß sie schon ein paar Jahre ›Adolf-Hitler-Straße‹. Die Bademantelrolle klemmte nicht mehr so fest unterm Arm wie am Morgen, immer wieder rutschte der Gürtel heraus und baumelte im Staub hinterher. Tante Kätes mahnende Hinweise wurden spitzer und schneller, die

Schritte kürzer und der Kopf immer dumpfer. Wie gut, wenn sie endlich in der kühlen, steinernen Toreinfahrt in der Hospitalstraße angekommen waren!

Eine unpolitische Familie

›Zweimal in der Woche werdet ihr nun dem Führer gehören!‹ hatte die sonst so nüchterne Lehrerin eines Tages mit bewegter Simme erklärt. Er blieb hängen, dieser orakelhafte, gefühlvolle Satz, aber was er eigentlich bedeutete, fragte man nicht; denn die Zeit bei den Jungmädchen – so hießen die Anfängerinnen im BDM von zehn bis vierzehn Jahren – der gehörte so selbstverständlich zu Annas Erwartungen wie der Konfirmandenunterricht, der nun auch bald beginnen würde. Auch als sehr schnell deutlich wurde, daß ihr die Mittwoch- und Sonnabendveranstaltungen, die man ›Dienst‹ nennen mußte, nicht den geringsten Spaß machten, rüttelte Anna nicht an dem sonderbaren Satz der Volksschullehrerin.
Dienst bedeutete: Antreten um 15 Uhr auf einem Schulhof oder Sportplatz, bedeutete im Winter Singen und Basteln und politischen Unterricht, wenn die sechzehnjährige Führerin zum Beispiel aus dem Buch: ›Eine Mutter erzählt von Adolf Hitler‹ vorlas. Im Sommer ging es eigentlich nur um den Sport:

Training, Marschieren, Exerzieren und schließlich Sportspiele in der ›Waldkatze‹.

Nichts davon tat Anna gern, aber sie stellte es auch nicht in Frage, und niemand in ihrer Umgebung tat es. Sie lernte Hitlers Biographie auswendig und lernte, einen Erwachsenen mit ›Heil Hitler‹ zu begrüßen statt mit dem bis dahin üblichen Knicks, auch wenn Mutter, was das private Leben anging, gar nichts von dieser neuen Steifbeinigkeit hielt. Zu Hause wurde weitergeknickst, nur draußen drückte man die Knie fest durch, um sich nicht aus Versehen durch eine altmodische Geste lächerlich zu machen.

Aber das Schlimmste waren die Sportfeste und Aufmärsche. Zuerst mußte sie einen schönen Tag auf der Hindenburgkampfbahn, dem Sportstadion der Stadt, hauptsächlich mit öder Warterei verbringen, bis sie endlich zum Springen oder Wettlaufen dran war. Gegen Abend kam dann der Abmarsch zum Stephanplatz, zur Schlußkundgebung: Marschieren und endlos stehen, während über den weiten Platz die Lautsprecherstimmen der Hitlerjugendführer und -führerinnen ein hallendes Echo warfen. In Annas Erinnerung sind es papierene Reden, leere Sätze, mit denen man keine Vorstellung, kaum ein Gefühl verbinden konnte. Man mußte es aushalten und mitmachen, so kam man möglichst schnell von allem wieder weg, nach Hause zu den Menschen und Dingen, die man gern hatte.

Warum konnte Anna nicht zu Mutter sagen: »Ich finde den Dienst blöde! Ich will da nicht mehr hin!« Woher wußte sie, daß das nicht ging?

Galt hier nur einfach der oft wiederholte Satz der berühmten Tante Tütscher: ›Das is nu nich! Immer Zuckerschlecken is nich, Jungchen!‹ Oder war es dieses merkwürdige Erlebnis neulich, als sie zusammen mit einem anderen Mädchen von der Scharführerin ausgeschickt worden war, bei einer bestimmten Adresse ›Dienstbescheid‹ zu geben?
»Aber bleibt zusammen!« hatte damals die Führerin gesagt, »die Leute sind nicht ungefährlich!«
Sie waren in eine Gegend der Stadt gekommen, die sie noch gar nicht kannten. Kleine, häßliche Häuser, alle eng beieinander und ärmlich. Lange klopften sie vergeblich an der bezeichneten Haustür. Es war unheimlich! Schließlich wurde oben ein Fenster aufgerissen, eine finstere Frau zeigte sich und schrie aufgeregt: »Haut doch ab! Wir wollen mit euch nichts zu tun haben!« Sie waren vor Schreck, so schnell sie konnten, weggelaufen.
Als Anna zu Hause davon erzählte, sagte Mutter nur: »Das sind wahrscheinlich Kommunisten, diese Leute. Geh da nicht wieder hin.« Und kein Wort weiter.
Es wäre Anna nicht in den Sinn gekommen, daß man sich gegen die bestehende Ordnung des Lebens stellen könnte, daß daran überhaupt irgend etwas nicht ›in Ordnung‹ sein könnte. Glühend beneidete sie die Kinder auf den Illustrierten-Bildern, die dem ›Führer‹ einen Blumenstrauß überreichen durften. Es war interessant und verlockend, die begeisterten Radiostimmen von den Olympischen Spielen oder einem der vielen Führerauftritte reden zu hören. Was die Stimmen nicht erreichten, tat die Musik: Das Herz klopfte und Schauer liefen über den Rücken.

Und doch drehte sich irgendwo im Kopf oder in der Herzgrube ein Band, auf dem Empfindungen, Bilder und Sätze notiert wurden, die bedrohlich oder beängstigend waren; aber niemals zur Sprache kamen. Von denen man auch genau wußte, daß sie besser im Geheimen blieben, tief unter dem, was alle Tage gesprochen wurde.
Einmal, das war noch vor dem Kriege gewesen, hatte Anna beim Mittagessen, weil irgend jemand in der Schule davon geflüstert hatte und es ihr gerade wieder in den Sinn gekommen war, gefragt, ob es stimmte, daß Goebbels ein Jude sei.
Was hatte sie bloß für eine entsetzliche Geschichte damit angerichtet! Wie eine Aussätzige hatte sie sich plötzlich gefühlt. Vater und Mutter überstürzten sich in fieberhaften Fragen: ›Von wem hast du das? Wer sagt so etwas in deiner Klasse? Mit wem hast du noch darüber gesprochen? Glaubst du, daß Hannelore S. es auch gehört hat?‹
Dann telefonierten sie: ›Wen müssen wir warnen? Wen sollen wir informieren? Wie sollen wir uns verhalten, wenn wir befragt werden?‹
Während eine so ungewohnte Aufgeregtheit die Eltern ganz fremd machte, erkannte Anna, daß sie mit ihrer Frage eine Wand durchbrochen hatte. Ein Ungeheuer mit einer schrecklichen Fratze schaute durch das Mauerloch ins Eßzimmer, und alle fürchteten sich.

Noch weiter zurück lag ein anderes Erlebnis.
Als die Schwestern eines Mittags aus der Schule gekommen waren, hatte im Kinderzimmer ein neuer

Schrank an der Stelle des kleineren alten gestanden.

»Guck mal, der sieht ja genauso aus wie der Schrank von Silbersteins!« hatte Nane sofort gerufen.

Da hatte Mutter unbegreiflich heftig reagiert: »Was ist das für ein Unsinn! Den Schrank habe ich von einem alten Möbellager gekauft, weil ihr wirklich einen größeren braucht. Und Silbersteins, das wißt ihr doch, sind längst mit Sack und Pack ausgezogen. Sie sind in eine andere Stadt übergesiedelt. Das wißt ihr doch!«

Die Kinder kannten den Schrank ganz genau. Da – in der Mitte, unter den beiden ovalen Glasscheiben – waren die flachen Schubladen, in denen Frau Silberstein die Knöpfe aufbewahrt hatte. Wie oft hatten sie danebengestanden, wenn sie herausgenommen wurden, die flachen, weißen Schachteln, die mit einem hellblauen Damastband umwickelt waren. Jedes Kind durfte eine Schachtel zum Tisch bei der Balkontür tragen; dann hatten sie die Schleifen aufgebunden, den Deckel abgehoben und die Knöpfe, die nun im hellen Licht vor ihnen lagen, bestaunt und angelacht. So viele waren es! Und so verschiedene! Aus Holz und Stoff, aus Bein und Horn, große und kleine und ganz winzige, matte und glänzende. Und so viele Farben! Es war einfach wunderbar.

»Dieser hier«, hatte Frau Silberstein einmal gesagt, »war überhaupt der einzige an einer wunderschönen Balltoilette.« Während sie ein zartes Filigrangebilde gegen das Licht hielt, hatte ihr Mann die Zeitung etwas beiseitegenommen und über die Brille herübergeschaut und sie angelacht.

»Und dieser hier, guckt doch bloß mal, gehörte zu meinem Sommerpelz. Was waren das für verrückte Zeiten, als man noch einen Sommerpelz brauchte! Nur die Knöpfe sind übriggeblieben von diesen Zeiten.«
Anna und Nane hatten, während die alte Dame ihren Erinnerungen nachträumte unter den vielen ihre persönlichen Knopflieblinge herausgesucht: Das war der Prinz, dies die Prinzessin, der ein General, dieser ein Clown und diese beiden Braut und Bräutigam. Es gab auch Schiffsräuber, Zauberer und Köche, große Protze und kleines Gewimmel. Die Knöpfe spielten jede Geschichte mit. Sie bildeten feierliche Hochzeitszüge, Hofgesellschaften, Drachen und Bäume, Gärten und Türme – es konnte kein Ende geben mit den Knöpfen.
Aber nun waren sie fort. Nicht ein einziger fand sich mehr in den Schubladen. Und Mutter wollte kein Wort weiter über den Schrank sagen.

Das war im Sommer gewesen. Im Winter darauf brannte die Synagoge, das Gotteshaus der Juden, mitten in der Nacht ab. Anna hatte verschlafen und frierend neben den Eltern am Fenster gestanden und den Feuerschein gesehen, der schrecklich hell überm Pferdestall aus der Dunkelheit geleuchtet und geflackert hatte. Es war der 9. November 1938 gewesen, und sie war gerade acht Jahre alt.
Seit dieser Zeit hatte die sorgsam abgeschirmte, private Welt undichte Stellen.
Wenn die Hausschneiderin kam, die für alle weißen Stoffe in Mutters Haushalt zuständig war, aber auch

wunderbar Hemden und Schürzen nähen konnte, saßen die Kinder gern zu ihren Füßen, nähten Flicken zusammen, ließen den Magneten Stecknadeln suchen und lauschten den Gesprächen, während eine Stoffbahn von der Nähmaschine herab wie ein Vorhang über sie fiel. Ob die Frauen vergessen hatten, daß die Kinder hinter den weißen Tüchern mithörten? Sie sprachen von dem Spielwaren- und Haushaltsladen in der Langen Straße, in dem Mutter immer gekauft hatte. Das letzte Stück war ein Singkreisel zu Annas Geburtstag gewesen, so ein vielfarbiger Blechkreisel, den man aufziehen konnte. Dann drehte er sich eine Weile um sich selber, die breiten Farbbänder gerieten auch in Bewegung, wurden fließend, immer dünner, bis zum Schluß die Augen gar nichts mehr unterschieden, nur die Ohren hörten noch den angenehmen Zweiklang aus dem Kreisel tönen.
Nach diesem Einkauf, erzählte Mutter der Schneiderin, hätte Vater einen Anruf von einem einflußreichen Mann der Stadt bekommen: »Wenn Sie noch weiter vor Gericht auftreten wollen, Doktor«, hatte er gesagt, »dann sollte Ihre Frau die Einkäufe bei Flanter in der Langen Straße unterlassen.«
Annas Vater war damals 35 Jahre alt und hatte seit zwei Jahren eine eigene Anwaltspraxis in der Stadt. Das vierte Kind war eben geboren, das älteste gerade acht Jahre.
Von dieser Geschichte sprachen die Frauen, denn die Schneiderin hatte, als sie morgens an Flanters Laden vorüberging, zerbrochene Fensterscheiben und eine verwüstete Auslage gesehen. An der Türe hing ein Zettel: *Laden zu vermieten*.

»Es ist schlimm!« sagte Mutter. »Ich bin immer gut bedient worden. Und nun werden sie vertrieben.«
Auch die Schneiderin wußte nichts Böses über das Geschäft zu berichten.
Anna verstand das Gespräch nicht so richtig; sie sah im Geist ihren Kreisel vor sich und hörte zugleich die Telefonstimme: ›...wenn Sie weiter vor Gericht auftreten wollen ...‹ und dann mischte sich über ihr die Stimme der Schneiderin ein: »Wenn man aber liest«, sagte die Stimme, »was diese Juden für Verbrechen begangen haben, kann einem ja schlecht werden. Also ich finde, daß der Führer viel zu human mit diesen Leuten umgeht.«
Anna wiederholte für sich das Wort, das sie nicht kannte: H-U-M-A-N. Es klang seltsam mit seinen dunklen Lauten und sehr traurig. Dahinter schien sich etwas zu verbergen, etwas Unbekanntes, Schreckliches. Aber sie fragte nicht danach, es blieb nur in ihrem Kopf hängen.

Auch über die Reise nach Berlin wurde nicht weiter gesprochen, als sie glücklich wieder zu Hause angekommen waren.
Vorher – ja! Vorher gab es wochenlang kein anderes Thema: Mutter würde mit Anna und Nane nach Berlin fahren, um Vater zu besuchen, der dort gerade zum Funkersoldaten ausgebildet wurde. Das war im Sommer 1940, und der Krieg dauerte schon beinah ein Jahr. Rechtzeitig waren die neuen Kleider fertig geworden: schottisch karierte mit weißem Kragen, dazu die Berchtesgadener Strickjacken. Und von den Cousinen waren für den Schlechtwetterfall die dun-

kelblauen Mäntel, Modelle der ›Hamburger Kinderstube‹, ausgeliehen worden.
Nur Oma und Nonno beurteilten die Reise zurückhaltend: »Paßt man schön auf, daß ihr nicht verlorengeht in der großen Stadt!« sagten sie beim Abschied. Aber ehe ihnen noch das Herz schwer werden konnte, hatte Nonno seinen alten Ton schon wiedergefunden: »Und benehmt euch nicht so flegelhaft wie Siegfried, als er nach Worms an den Burgundenhof kam! Ihr wißt doch!«
Von allen andern Menschen wurden sie glühend beneidet. Sie würden mit dem Schnellzug fahren und zum erstenmal in ihrem Leben in einem Hotel schlafen! Es konnte nichts anderes als ein herrliches Abenteuer werden. Das war sicher.
So begann es. Aber so blieb es nicht. In welchem Augenblick fing es an mit der Veränderung? Etwas verschob sich, verzerrte sich nur ein kleines bißchen, und gar nichts war mehr sicher.
Zuerst waren sie so fröhlich gewesen, hatten das grüne Land und die Telegraphenmasten vorbeiflitzen sehen und den Bahnwärtern an den Schranken zugewinkt. Stolp – Köslin – Stargard, das waren die berühmten Namen, die sie schon kannten, dann kam Stettin und die Oder, ... Vorpommern. Und irgendwann, als sie noch lange nicht da waren, begann Berlin: unendliche Häusermengen. Es waren zu viele! Und nicht so schöne, wie Anna sich vorgestellt hatte.
Überhaupt nichts war so schön, wie sie es sich vorgestellt hatte. Vater und Mutter waren anders als zu Hause: unruhiger, abwesender. Oft sprachen sie da-

von, wie es früher in Berlin gewesen wäre. Früher kaufte man elegante Sachen in Geschäften, die es jetzt nicht mehr gab. Früher aß man köstliche Dinge in Restaurants, die jetzt nur noch Erbensuppe anboten. Auch der voller Spannung erwartete Zoobesuch bekam einen Knacks, als Anna all die eingesperrten Tiere sah und die trägen, traurigen Augen der Bären und Löwen. Und dann die lauten, häßlichen Affen, die Paviane, mit ihrem roten Hinterteil. Alles machte einen eher traurig als froh, und auf jeden Fall fühlte man sich entsetzlich fremd.
Selbst die Vorstellung im ›Wintergarten‹, die ein Glanzpunkt des Besuches hatte werden sollen, und die Eintrittskarten waren gar nicht so leicht zu haben gewesen, begeisterte niemanden. Der künstliche Sternenhimmel, von dem Vater so geschwärmt hatte, war kein Trost, denn unten auf der Bühne wurde eine schöne Dame umständlich zersägt! Und wenn Mutter tausendmal sagte: »Es ist nichts passiert! Bestimmt nicht! Gleich wird sie wieder heil und ganz auf die Bühne kommen.« Anna traute dem Frieden nicht mehr. Es kam ihr einfach alles wie ein böser Trick vor. Die große Stadt war, schon ehe die schreckliche Geschichte im Hotel passierte, unheimlich geworden – unheimlich und beängstigend.
Am letzten Morgen beim Frühstück saßen die Kinder wie immer mit Mutter an einem der vielen Tische und beobachteten neugierig, was um sie vorging. Die Damen waren sehr hübsch angezogen, viele Herren in Uniform, aber es gab auch einige Zivilisten darunter. Plötzlich war der Hotelpage in seiner rotgoldenen Uniform im Saal erschienen und hatte

einen Namen aufgerufen. Alle schwiegen für einen Augenblick. Ein Herr mit ernstem Gesicht hatte sich erhoben und war dem Pagen durch die Schwingtür gefolgt.
Weiter nichts. Die Stimmen wurden wieder lauter, alles kam wieder in Bewegung.
Anna wartete gespannt auf die Rückkehr des ernsten Herrn. Aber er kam nicht. Viel Zeit verging. Er kam nicht wieder! Was war mit ihm?
»Mutter, was ist mit dem Herrn, der vorhin herausgerufen wurde?« – »Ich weiß es nicht«, hatte Mutter gesagt, »sie werden etwas von ihm wollen.«
Sie? Wer waren *sie?* Und was konnten *sie* wollen? Anna fühlte, wie sie innen drin ganz kalt wurde, als säße ein Eisklumpen mitten in ihr. Da war wieder so etwas! Es war etwas im Gange!
»Mutter, werden sie dich auch rufen?«
»Ich glaube es nicht«, sagte Mutter. »Aber ich wünschte, Vater käme endlich.«
Anna hörte nur, daß Mutter nicht absolut sicher war. Sie glaubte nur, man würde sie nicht rufen, und sie wünschte sich Vater her. »Aber – wenn du dann auch nicht wiederkommst?«
Da hatte Mutter ihr einen Zettel zugeschoben, auf dem eine Telefonnummer stand: »Paß auf! Da rufst du an, wenn mir etwas passieren sollte. Tante Margot hilft euch auf alle Fälle weiter. Und nun nichts mehr davon. Es wird alles gut gehen!«
Anna fühlte den Zettel in der Tasche. Sie legte ihre Hand darauf, als könnte sie damit etwas Fürchterliches zurückhalten. Sie war außer sich und innen drin ganz steif vor Angst. Irgend etwas Entsetzliches

war im Gange, und sie konnte es sich nicht erklären!
Vater kam. Er zeigte Anna das Schloß und erzählte, wie er es so schön konnte, von den Königen und Kaisern, die drin gewohnt hatten. Seine Tochter hörte ihn kaum. Sie wollte fort. Nur fort, in den Zug, nach Hause! Wollte Mutter sicher und heil bei sich haben, den Zettel mit der Telefonnummer in tausend Stükke reißen und nie mehr wiederkommen in diese Stadt.
War es nur irgendeine leicht erklärbare Kinderangst? War aus dem Boden, in dem das Ungeklärte, das Schreckliche sich nach und nach eingenistet hatte, etwas hervorgekommen, das den harmlosen Hotelpagen in einen Todesboten verwandelte? Oder hatte die Gestapo wirklich einen Menschen aufgerufen?

Zwei Soldaten

Nach und nach verflüchtigte sich der Berliner Schrecken, verlor sich im vertrauten Alltag wie die Erinnerung an Silbersteins und die Knöpfe im weißen Schrank. Andere Leute hatten die Wohnung im ersten Stock gemietet. Vier Kinder mit ihrer Mutter zogen dort ein, wo vorher ein älteres jüdisches Ehepaar zurückgezogen gelebt hatte. Das gab neuen Gesprächsstoff, bald auch neue Spielgefährten und, was das Aufregendste war, es gab nun auch einen Primaner im Haus! Bis dahin hatten ›große Jungs‹ überhaupt keine Rolle in Annas Leben gespielt; jetzt lief einer manchmal durchs Treppenhaus. Er hatte blaue Augen und schwarze Haare.
Wenn er ihr im Vorübergehen einen freundlich-provozierenden Satz zurief und wenn sie wiedermal keine spritzige Antwort gefunden hatte, rannte sie wütend nach oben und verkündete Mutter beim Mittagessen ausführlich, was von diesem affigen Helmut zu halten wäre.
»Also ich finde ihn einen hinreißenden Bengel!« sagte Mutter lachend und verständnislos. »Ich bin si-

cher, er wird sich gleich nach dem Abitur freiwillig melden.«

So etwas gefiel Mutter. Ihr großer Bruder hatte das im Ersten Weltkrieg auch getan und war am Ende als achtzehnjähriger Leutnant der Reserve heimgekehrt. Sie war stolz auf ihn gewesen, und alle ihre Freundinnen hatten ihn angehimmelt.

Die Geschichte des ›hinreißenden Bengels Helmut‹ sollte sich anders entwickeln. Noch vor dem Abitur machte er Karriere bei der Hitlerjugend und wurde Bannführer. Da traf Anna ihn nur noch selten im Treppenhaus; die schwarze Uniform mit Schulterriemen und dicker Kordel machte ihn fremd. Er hatte nun anderes zu tun, als kleine Schulmädchen zu necken.

Nach dem Abitur meldete er sich, wie Mutter prophezeit hatte, sofort freiwillig zur Luftwaffe. Als Achtzehnjähriger bekam er das Eiserne Kreuz Erster Klasse für einen tollkühnen Einsatz, und das ganze Haus in der Hospitalstraße war stolz auf ihn.

Wenn Helmut auf Urlaub kam und nachmittags mit seiner wunderschönen blonden Freundin die Hospitalstraße hinunterschlenderte, folgte Anna ihnen oft heimlich ein Stückchen, weil sie so etwas Strahlendes hatten, sich so leicht und beschwingt bewegten, als fiele ihnen gar nichts schwer. »Ein schönes Paar!« sagten alle.

Täglich brachten die Zeitungen Berichte von berühmten Fliegern und U-Bootleuten. Anna schnitt die Fotografien von Ritterkreuzträgern aus und legte sie andächtig in ihre Lieblingsbücher; aber Helmut war ihr wirklicher, ihr persönlicher Held.

Der Krieg war näher gerückt, doch zeigte er sich noch von seiner sieghaften Seite. Alles erschien groß und schön und fand triumphierend und leuchtend irgendwo ›auf den Weltmeeren‹, ›in den Welthimmeln‹ oder ›auf dem Felde der Ehre‹ statt. Bis Mutter eines Abends mit verweinten Augen aus dem ersten Stock heraufgekommen war und Anna erzählt hatte, daß Helmut gefallen sei.
»Ist er mit seinem Flugzeug abgestürzt?«
»Nein, er ist von einer Kugel getroffen worden.«
Anna stand neben Mutter am Küchenfenster und sah über Höfe und Dächer auf die abenddunklen Bäume.
»Aber er ist doch ein Flieger.«
»Ach, es ist eine schlimme, eine elende Geschichte, wenn ein junger Kerl sein Leben so verliert!«
Und schließlich hatte Mutter die ganze Geschichte erzählt: Helmut war nicht weit von Stolp in einem Ausbildungslager gewesen und hatte, als er einmal von einem Übungsflug heimkehrte, den tollen Einfall gehabt, seine schöne Freundin aus der Luft zu grüßen. Er hatte mit seiner Maschine eine Schleife über dem Dorf gezogen, in dem sie lebte, und über ihrem Haus mit den Tragflächen gewackelt. Mehr nicht! Aber der Obernazi dieses Dorfes hatte es bemerkt. Er machte Meldung, und Helmut kam vors Kriegsgericht. Nur durch ein Wunder, denn er hatte sich auch noch irgendwelche kritischen Äußerungen gegen die Nazis überhaupt zuschulden kommen lassen, entging er dem Strafbataillon, dem Todeskommando. Er wurde, weil ein Kriegsrichter klug taktierte, nur degradiert, meldete sich sofort zu den

Fallschirmspringern nach Griechenland und war vierzehn Tage später tot.
»Hing am Fallschirm«, sagte Mutter, »und hatte keine Chance. So war das.«

Hans Noth, ein junger Leutnant und der Neffe von Vaters Jagdfreund, war aus Thüringen zum Stolpmünder Flackschießplatz versetzt worden. Er kam – in der zweiten Kriegshälfte – wie die Erinnerung an vergangene schöne Zeiten in die Gesellschaft der Stadt. Wenn sein Besuch bevorstand, tauchten auch Mutters Freundinnen auf, erwartungsvoll und lachend, als ob ein Fest geplant sei.
Und es wurde jedesmal ein Fest, denn Hans Noth beherrschte die hohe Kunst des ›Gesellschaftlichen‹ leicht und angenehm. Er war wohlerzogen und zuvorkommend mit Mutter – aber nicht zu sehr. Er flirtete mit den jungen Frauen – aber nicht zu sehr. Er neckte Anna und nahm sie doch ernst. Er konnte herrlich Klavierspielen und auch damit aufhören. Er erzählte leicht und gut, und immer lachte etwas in seinen Augen.
Im Winter, als Vater und seine Freunde auf Urlaub kamen, bestand Hans Noth zur Freude aller Frauen auch die ›Männerprobe‹: Er wurde Jagdkönig auf der Voßberger Treibjagd. »Der beste Schütze und ein fabelhafter Jäger«, sagten die Älteren, und keiner neidete es ihm.
Anna verliebte sich zum erstenmal in ihrem Leben, begriff gar nichts und benahm sich unsinnig, wie Mutter ohne jede Einfühlung am Mittagstisch bemerkte:

»Entweder sitzt du da wie ein Stockfisch, wenn er kommt; oder du kicherst, als ob er lila Haare hätte, und findest kein Ende mit den Albernheiten. Kannst du dich nicht ›einfach natürlich‹ benehmen – wie früher?«
Nein, es ging nicht mehr ›natürlich‹! Irgend etwas war anders. Statt dessen schrieb Anna ihr erstes Gedicht und bugsierte es – unter fremdem Namen, versteht sich – in Hans Noths Brusttasche. Sie nähte ihm eine phosphorisierende Blume auf den Rücken seines Uniformmantels; aber er amüsierte sich nur darüber. Sie schüttete einen Eimer voll Schnee über ihn, als er aus der Toreinfahrt auf die dunkle Straße trat. Er aber – winkte und lachte zu ihr herauf. Sie benahm sich ›vollkommen unnatürlich‹ – und verlor doch, als verstünde er besser als Mutter ihr sonderbares Benehmen, seine Freundschaft nicht.
Es war auf der Flucht, im März 1945, als Anna von seinem Tod hörte. Sie saß mit Mutter am Rande eines mecklenburgischen Ackers, aus dem die junge Saat zartgrün aufwuchs. Die Erde roch nach Frühling. Aber Hans Noth, den die erwachsenen Leute wegen seiner Talente und Liebenswürdigkeit manchmal ›Hans im Glück‹ genannt hatten, war bei einem russischen Angriff von einer Granate zerrissen worden.

Das Dachgeschoß

Man hätte das Haus in der Hospitalstraße in ruhige, beinahe unbewegte Zonen und in sehr lebhafte aufteilen können. In der Mitte, wo Familien mit Kindern wohnten, quirlte und drehte sich das Leben. Türen knallten, Fenster gingen auf und zu, Gardinen blähten sich im Wind, und Stimmen tönten heraus. Beim Großvater im Parterre herrschte vornehme Ruhe, und auch ganz oben unterm Dach floß der Tag leise und gleichmäßig dahin. Ja, in manchen Räumen stand die Zeit scheinbar still. Oben im Treppenhaus zeigte der Wandanstrich kein so elegantes Muster mehr wie weiter unten, das Flurfenster war niedriger, und die Wohnungstür hatte eine Klinke und war meistens nicht verschlossen. Dahinter bewohnten Prüfers, ein kinderloses älteres Ehepaar, einige Räume des Dachgeschosses. Gleich links hinter der Wohnungstür lag eine Bodenkammer, zu der Mutter einen Schlüssel besaß, und ganz hinten rechts, im tiefen Dunkel, versteckte sich die Tür der sogenannten Mansarde: ein Zimmerchen mit Efeuranken-Tapete, einem Erker und Möbeln aus Mutters Mädchenzeit. Es war einmal als Fremdenzimmer gedacht gewesen, aber außer Maria Zaplapp hatte nie jemand dort geschlafen.

Alle andern Räume unterm Dach gehörten zur Prüferschen Wohnung. Herr Prüfer war früher Meister in der Tischlerei in Großvaters Fabrik gewesen; jetzt – im Ruhestand – hatte er sich in einer Dachkammer eine Holzschnitzer-Werkstatt eingerichtet. Und gegenüber, im hellsten Gaubenzimmer, arbeitete Frau Prüfer in ihrer Schneiderei.

Wenn Mutter die großen Bartschlüssel zum Dachboden in ihre Schürzentasche steckte, waren Anna und Nane gleich an ihrer Seite. Denn da oben gab es nicht nur Kisten, alte Spiegel und kaputte Stühle, sondern auch sorgfältig verschnürte kleinere Schachteln und riesige Überseekoffer, die jeden Frühling für die Reise nach Karlsbad heruntergeholt wurden. Und dann natürlich – die Hutschachteln! Hölzerne, weitgereiste Hutschachteln, in denen phantastischer Kopfputz aufbewahrt wurden. Zu Großmutters Zeiten ging eine Dame nicht ohne Kopfbedeckung aus; und Großvater hatte extravagante Hüte gern gesehen. Wenn man die breiten Ripsbänder von der großen, braunen Hutschachtel löste, den Deckel und das geknüllte Seidenpapier darunter vorsichtig abnahm, sah man gleich den breitrandigen Hut mit den schwarzen Reiherfedern, den Großmutter nur zu besonders eleganten Tageseinladungen getragen hatte. Die kleine Filzschute darunter kannte Anna gut von einem Foto vor der Dresdner Staatsoper. Das waren schöne Zeiten gewesen. Jedes Frühjahr fuhren die Großeltern zur Kur nach Karlsbad, zum ›Brunnentrinken‹ und machten mindestens einmal Station in Dresden, denn sie liebten die Oper.

Unter den beiden strengen Hutgebilden aber lagen zwei Lieblinge: der mauvefarbene Strohhut mit dem Stiefmütterchenkranz und dann – seht bloß mal! – das Nest. Das war ein dunkelblaues Filznestchen, das zwar keinen Vogel beherbergte, aber ein Hügelchen, das dicht mit zarten, hellblauen Federn bedeckt war. Es handelte sich um ein Kunstwerk aus den frühen dreißiger Jahren und war zu einem einzigen wunderschönen Kleid getragen worden, das Mutter so gern in allen Einzelheiten beschrieb.

In dem kleinen grauen Hutkoffer wurde der seidene Turban aufbewahrt, mit dem Vater auf einem Kostümfest des Kolonialvereins Furore gemacht haben sollte.

»Fabelhaft sah er aus«, sagte Mutter, »überhaupt nicht verkleidet, sondern wirklich echt wie ein orientalischer Fürst in Frack und Turban – wie aus ›Tausendundeiner Nacht‹.« Mutter lachte und klappte schwungvoll die Bettkiste auf. »Und du, was hattest du an?« fragten die Kinder.

»Ach ich, ich war eine Julischka aus Buda-Budapest. Der Kopfputz da mit den Blumen und Bändern gehörte dazu und die roten Stiefel, die sich jetzt immer noch die jungen Mädchen ausleihen, wenn Fasching ist.«

»Warst du auch so schön wie Vater mit seinem Turban?« fragten die Kinder. Mutter drückte ein dickes rotes Federbett wie einen Tanzpartner an sich und machte ein paar Julischka-Schritte quer über den Dachboden: »Nein, nein, er war immer der Schönere.« Und dann blieb sie unter der Dachluke stehen

und sagte: »Aber wißt ihr, ich hatte das gerne so.«
Und diesen glänzenden, mit Perlen bestickten Hut
eines venezianischen Harlekins, wer hatte den einmal getragen? Die Mutter antwortete nicht mehr.
Sie stand tief in die hohe Bettenkiste gebeugt, deren
Rand Anna gerade mit ihrer Stirn erreichte, und
türmte rote und weiße Federkissen neben sich auf.
Die Kinder hoben die phantastischen, geheimnisvollen Dinge aus den Hutkoffern in das matte Licht der
Dachkammer, setzten sie auf den Kopf und betrachteten ihr Bild in dem halbblinden Spiegel. Sie fühlten
sich komisch, denn der Zauber der vergangenen Geschichten, den Mutter nur andeutete, blieb ihnen
noch verborgen. Mit den Festen und Kutschfahrten,
zu denen die Kappen und Hüte gehört hatten, konnten sie noch nicht viel anfangen.
»Wenn ihr größer seid, erzähle ich mehr davon«, hatte Mutter oft gesagt; aber natürlich wurde solcher
Tand nicht mit auf die Flucht genommen, und die
Geschichten blieben in den Hutschachteln auf dem
Dachboden.
Nur das karierte Taftkleid mit der Wespentaille, das
mit andern Roben der früh verstorbenen Großmutter in einer Truhe eingemottet war, hatte Anna
heimlich heruntergeholt und in den Fluchtkoffer gestopft, denn es paßte ihr ganz genau. Sie fühlte sich
verwandelt, sobald sie es trug; war eine Prinzessin,
die raschelnd und seideknisternd durch ihr Schloß
lief und wunderbare Dinge erlebte.
Und Anna hatte es wahrhaftig auf der Flucht noch
einmal getragen, ehe es dann mit dem Überseekoffer
und so vielen anderen Sachen von einem russischen

Lastwagen entführt worden war. Sie hatte das Kleid der Großmutter bei einer Abendgesellschaft in einem Mecklenburger Gutshaus getragen, als sich Offiziere auf dem Rückzug nach Westen, Flüchtlinge aus Ostpreußen und Pommern mit den Gutsleuten um einen noch einmal reich und festlich gedeckten Tisch setzten, als wäre Frieden. Kein Wort wurde darüber gesprochen, was morgen sein würde. Man schnitt ein Stückchen Zeit aus der großen schrecklichen, ließ nur ›das Gerade-Jetzt‹ gelten, hielt das Lachen entschlossen vor das Weinen und menschliche, warme Nähe vor das kalte Entsetzen, das vor der Tür hockte und wartete.
Wie anziehend wirkten diese Zeugen einer vergangenen Zeit, die in den Truhen und Hutschachteln der Bodenkammer aufgehoben wurden! Aber nur für Augenblicke, vom flüchtigen Licht der Erinnerung getroffen, fingen sie scheinbar Leben ein, begannen zu sprechen und sanken doch schnell in sich selbst zurück – verschlossen und verschnürt und weit weg vom richtigen Leben.
Nicht ungern und nicht ohne eine gewisse Erleichterung, weil so ein ›altes Leben‹ einen richtig benebeln kann, verließen die Kinder die Kammer und traten zurück in den Flur der Mansardenwohnung, wo sich der Geruch nach Mottenkugeln schnell verlor. Von der Küche her roch es überwältigend nach oft gewärmtem Kohl, nach frisch gekochten Kartoffeln, nach Ostseefisch und Zwiebeln und noch vielen anderen vertrauten Sachen.
Anna stellte sich gerne vor, daß mit den Prüfers ein ›Schwaden‹, so eine Art Hausgeist unterm Dach

wohnte, der sich im Laufe der Jahre immer mehr verdichtet und mit allem lebenden und toten Inventar unauflöslich verbunden hatte. Jeden Tag senkte er sich aufs neue wie eine feine Wolke herab und tränkte alles, was unter ihm lag, mit Bratendunst und Gemüsedampf und all den verschiedenen Gewürzen, die er beim geduldigen Auf- und Absteigen eingefangen hatte.
Besonders willkommen mußten ihm die Wollstoffe sein, die Mutter zu Frau Prüfer brachte: viele Meter karierten Wollstoffs für Kinderkleider. Denn nichts ging Mutter über das große oder kleine Karo für ihre Kinder. Blau-weiß Gepunktetes vielleicht noch ließ sie gelten für die beiden Ältesten, aber bloß keine Blumen! Wie ungnädig hatte sie den rosafarbenen Organdystoff angeschaut, den Anna einmal zum Geburtstag bekommen hatte! Sowieso hielt sie nicht viel vom Geschmack dieser Thüringer Tante. Und nun auch noch Organdy für ihre Tochter!
Aber Frau Prüfer und Anna hatten sich durchgesetzt. Es war ja auch schon Krieg und der Stoff doch eigentlich eine Kostbarkeit. Es wäre eine Sünde gewesen, ihn nicht zu verarbeiten! Nur, daß Frau Prüfer, obwohl es in diesem Fall doch ›um alles‹ ging, ihren schweren Händen wieder einmal kleine Flügel wachsen ließ. Sie war und blieb eine ›prinzipielle Schneiderin‹. So viele Modehefte sich auch auf ihrem alten Sofa türmten und so bereitwillig sie ihre Kundschaft die schönsten Modelle aussuchen ließ, in Wahrheit war sie diesen Journalen längst entwachsen und folgte unerschüttert ihrem Standardschnitt. So begann jede Anprobe mit den kühn-

sten Erwartungen und endete unweigerlich in allseitiger Desillusionierung. Was war bloß aus dem schönen Stoff geworden? Nun hing er, grob geheftet, in häßlichen Stücken von Annas Schultern. Sie wagte gar nicht, ihr Spiegelbild genauer zu betrachten; die Stecknadeln ritzten die Kniekehlen, und der ›Schwadengeruch‹ stieg ihr beinah betäubend in die Nase. Auch Mutter schien vom Anblick ihrer Tochter nicht besonders befriedigt zu sein: »Steck doch den Bauch nicht so raus!« sagte sie. »Kopf hoch! Und gerade die Schultern!«
Aber es half alles nichts. Es blieb nur die ungewisse Hoffnung auf den roten Lackledergürtel und den weißen Kragen, die dem Ganzen vielleicht doch noch den richtigen Pfiff geben würden. Aber was bedeutete das noch, wenn man so herrliche, traumhafte Vorstellungen gehabt hatte. Am liebsten wäre Anna sofort weggelaufen, aber zunächst mußte noch ›Technisches‹ besprochen werden, und Mutter wollte ihre Tochter dabeihaben: »Schließlich ist es ja dein Kleid!«
Wieviele Säume sollten zum Beispiel Rock und Ärmel bekommen, damit sie ›mitwachsen‹ könnten? Mit welcher Seide sollte genäht werden? Und die Knöpfe? Auf keinen Fall falsche Knöpfe, wie Mutter das nannte. Das hätte bedeutet, Druckknöpfe zum Schließen zu verwenden und nur ab und zu ›zum Schein‹ einen Knopf aufzunähen. Das gab es für Mutter nicht. Echte Knopflöcher mußten es sein und wirkliche Knöpfe, so gehörte sich das. Und es machte auch nichts, wenn Frau Prüfer bemerkte, daß das Arbeitsgeld natürlich ›höher käme‹, wenn sie auch

noch Knopflöcher machen müßte. An diesem Punkt sparte Mutter nicht.

Wenn endlich alles festgelegt und besprochen war und Mutter sich schon verabschiedet hatte, blieb Anna noch an der Tür stehen, und Frau Prüfer wußte gleich, worauf das hinausging. »Willst du nochmal in die Werkstatt?« fragte sie. Ja, genau das wollte Anna gern. Vorsichtig tastete sie sich durch den dunklen Flur, bis Frau Prüfer auf der gegenüberliegenden Seite eine Türe öffnete und noch von der Schwelle her mit einer ganz ungewohnt weichen Stimme fragte: »Darf Besuch kommen, Goldchen?«

Meist kam keine Antwort, aber sie konnte es wohl von Goldchens Rücken ablesen – denn er saß mit dem Rücken zur Tür –, daß er nicht vollkommen gegen den Besuch war. Und so wurde Anna durch die Tür geschoben in die helle, immer überraschend kühle Werkstatt des Holzschnitzers. Der saß unter einem Lukenfenster, das in den Himmel schaute, und kümmerte sich gar nicht um seinen Besuch. Gut roch es da, nach Holz und Leim, denn der ›Schwaden‹ beschränkte sich auf die Zimmer, in denen es Polster und Stoffe gab.

An der einen Wand der Werkstatt hingen mehrere ›Kruzifixe‹ aus hellem Holz. Das fremde Wort hatte Anna gerade mühsam verstehen gelernt. Es klang ihr lustig, gar nicht für eine so traurige Geschichte geeignet.

»Prüfers sind katholisch«, hatte Mutter gesagt, als sie ihr das ›Kruzifix‹ erklärte, und es klang so, als wäre sie nicht sehr zufrieden damit, daß jemand katholisch sei.

›INRI‹ stand auf einer Tafel über dem Kopf des Gekreuzigten.
›Ein katholisches Wort‹, dachte Anna und traute sich nicht, das schweigsame Goldchen um eine Erklärung zu bitten. Vorsichtig trat sie einen Schritt näher an den Meister heran. Noch verbarg sein Rücken mit der grünen, kratzigen Strickjacke die Hände vor ihren Augen. Noch einen Schritt – und dann sah sie an dem dünnen, faltigen Hals des alten Mannes vorbei, die kleine Figur, die das Messer gerade bearbeitete. Ob es wohl der Hirte war, der junge kniende Hirte?
Es waren die Krippenfiguren, die Anna immer wieder magisch anzogen. Mit dem Kruzifix konnte sie wenig anfangen – aber die Krippenfiguren! All die verschiedenen Gestalten von Menschen und Tieren, Maria und Josef, die Könige, die Hirten und der Esel – sie konnte sich nicht satt sehen! Und es blieb ein Wunder, ein unbegreifliches, wie aus einem Holzblock eine Schulter, eine Hand oder gar ein Kopf heraustrat und etwas immer mehr Wirklichkeit bekam.
Goldchen war nicht freundlich, aber auch nicht unfreundlich. Er war einfach mit etwas ganz anderem beschäftigt, ganz woanders mit seinen Gedanken als andere Leute. Darum sagte er manchmal auch Sachen, die Anna nur von ihm hören konnte. Einmal, als er auch gerade an einem knienden Hirten arbeitete, hatte er die Figur ein Stückchen von sich weggehalten, sie lange betrachtet und mit großen Ernst erklärt: »Hirten sind Menschen, die ganz fest hinschauen, anders, genauer als wir, verstehst du das? Ja, das möchte ich schnitzen: das Hinschauen.«
Und zu den Heiligen Drei Königen hatte er eines Ta-

ges gesagt: »Ihr seid die Klugen und seid auch die Reichen. Das ist eure Sache. Aber Hirtenaugen habt ihr nicht. Ihr versteht die Sterne wohl, aber Engel hören und sehen, das geht nicht mit euern Augen und Ohren.«
Der alte Mann schätzte die Hirten so sehr, daß er als Gegenstück zum Mohrenkönig Balthasar aus Gerechtigkeitsgründen immer auch einen Hirten mit schwarzem Gesicht und krausem Haar machte.
Mit Mutter konnte man über Goldchens eigenartige Sätze nicht so leicht sprechen. Eine Weihnachtskrippe paßte wohl nicht richtig zu ihrem protestantischen Sinn; so etwas hatte es bei ihr zu Hause auch nicht gegeben. Und doch war es mehr als Kinderspielzeug, das fühlte Anna wohl, wenn sie an die ›Klugen‹ und die ›Schauenden‹, an Marias blauen Mantel und den Stern über der Krippe dachte. Sooft sie nur konnte, machte sie einen Besuch in der Schnitzerwerkstatt.
In einer dunklen Ecke, hinter den Holzvorräten bewahrte Herr Prüfer ein Gewehr auf, das er als Soldat im Ersten Weltkrieg getragen hatte. Auf dem Kugellauf hatte er selber vier Worte eingeritzt, die Anna mehr mit den Fingern als mit den Augen lesen konnte: *Du sollst nicht töten.* »Aber das geht doch nicht«, sagte Anna, »dazu ist ein Gewehr doch gemacht!«
»Dieses aber nicht! Denn so steht es in der Bibel«, hatte Goldchen gebrummt und Anna dachte sich: Er ist eben katholisch.

Im Sommer wurde das Prüfersche Wohnzimmer regelmäßig von Alexander von B. bewohnt. Das war ein kleiner, freundlicher Mann mit einem Chinesengesicht, der, wie man so sagt, seine Sinne nicht alle beieinander hatte. Prüfers beherbergten ihn in der Ferienzeit, damit seine Familie verreisen konnte, und Anna und Nane durften ihn ab und zu besuchen. Meistens saß er an einem ovalen Mahagonitisch vorm Fenster und war mit seinen Muscheln beschäftigt, die vor ihm auf der dunklen Tischplatte ausgebreitet lagen. Mit dem Zeigefinger der rechten Hand schob er die Muscheln sorgsam, ja beinahe zärtlich, hierhin und dorthin und stellte eine Ordnung her, die man nicht so leicht verstehen konnte. Wenn ihm etwas besonders gut gefiel – oder war es ein anderer Grund – hob er sein Chinesengesicht ganz langsam hoch und lächelte. Und auch das Lächeln kam langsamer als bei anderen Leuten. Man sah es richtig entstehen. Und das war etwas Schönes.

Im Winter 1943 schließlich bekam die Dachwohnung einen dritten Bewohner: Maria Zaplapp bezog die Mansarde mit der Efeuranken-Tapete, weil Mutter sie unten im zweiten Stock nicht mehr unterbringen konnte.
Josef Goebbels hatte den ›Totalen Krieg‹ propagiert, und jeder, der nicht ganz alt oder Kind oder kinderreiche Mutter war, mußte in diesen totalen Krieg ziehen, mußte seine Arbeitskraft zur Verfügung stellen.
Auch Mutters letzte Stütze im Haushalt war gewissermaßen eingezogen worden; aber als Ersatz hatte das Arbeitsamt ihr eine Ukrainerin angeboten, eines von diesen jungen, verschleppten russischen

Mädchen, die man ›Zwangsverpflichtete Arbeiter aus besetzten Ostgebieten‹ nannte.
So kam Maria Zaplapp im März 1943 in Annas Familie. Der Name des fremden Mädchens, sie selber sprach kein Wort Deutsch, stand auf einem Zettel, den Mutter bekommen hatte.
Von Anfang an war alles anders mit dieser Russin, als Anna es erwartet hatte. Wenn sie auch an das abscheuliche Bild vom russischen Untermenschen, das man in den Zeitungen sehen konnte, nicht glaubte – sie hatte schließlich den eleganten Alexander von Andreevsky in Voßberg gesehen – so war ihr der Gedanke, daß eine Russin nun mit ihnen leben sollte, doch unheimlich gewesen.
»Sie wird wohl sehr ängstlich und scheu sein«, hatte Mutter vermutet, »und uns allen die Hand küssen und am Anfang gar nicht wissen, wo ihr der Kopf steht.«
Aber – was sich unter dem dicken Kopftuch und aus der schweren schwarzen Jacke herausschälte, glich mehr einer wilden Tartarenprinzessin als einer verängstigten Sklavin. Sie hatte schwarze Locken, eine bräunliche Haut und zwei eher kühle, wachsame Augen: ein grünes und ein braunes. Sie war ein schönes Mädchen von vielleicht siebzehn Jahren.
»Nehmt sie mit ins Kinderzimmer«, sagte Mutter zu Anna und Nane, »und bringt ihr ein paar deutsche Worte bei, das ist nun das Wichtigste.« So geschah es. Maria ließ geduldig eine Fülle von Namen und Begriffen über sich ergehen, brachte alles durcheinander und entzückte ihre Lehrerinnen mit einer fremdartigen, rollenden Aussprache. Als aber der

kleine Bruder seinen Leiterwagen mit dem Holzschimmelpärchen heranfuhr, leuchteten Marias Augen und ein Schwall von russischen Sätzen ergoß sich über die deutschen Kinder. Später erzählte sie oft von dem Bauernhof, von dem sie fortgeholt worden war, von der Mutter und den Brüdern in der Ukraine.

Maria lernte leicht und richtete sich schnell in ihrer neuen Umgebung ein. Von Anfang an nannte sie ihre Arbeitgeberin ›Mutti‹ und eroberte sich durch diese kluge Maßnahme ihren eigenen Tochterplatz in Mutters Herzen. Die schweren steifen Wintersachen, mit denen sie gekommen war, trug sie schon bald nicht mehr. Mutter ließ ihr hübsche neue Kleider bei Frau Prüfer machen und richtete ihr die Mansarde gemütlich ein.

Wenn Maria abends in ihr Zimmer zum Dachgeschoß hinaufstieg, dann begann gleichsam ihr zweites deutsches Leben. Wie eine Adoptivtochter wurde sie von den alten Prüfers empfangen, landete erstmal auf dem Sofa mit den Modezeitungen und konnte sich alles, was auf ihrem Herzen lag, herunterreden. Prüfers hielten sowieso immer die Partei der Ohnmächtigen, aber in dieser Maria trafen sie, die Katholiken, zu ihrer Freude nun auch noch eine Glaubensverwandte. Es dauerte nicht lange, da besuchten sie sonntags gemeinsam die Messe, und natürlich schnitzte Herr Prüfer eine kleines Kruzifix für sie. Nur als Maria eines abends heimlich ausging und erst in den frühen Morgenstunden wieder zurückkehrte, da kamen die vom Obergeschoß mit ihren Sorgen zu Mutter, und es gab energische Standpauken auf beiden Stockwerken und keinen Schlüssel mehr für das große Tor zur Straße.

Maria Zaplapp hatte es eigentlich gut getroffen mit ihrer deutschen Familie, und doch war sie weit entfernt, nun vor Dankbarkeit zu zerschmelzen. Sie nahm alles mit großer Unabhängigkeit und einer eigenen Würde hin, arbeitete von morgens bis abends im Haushalt mit, ohne sich aufzureiben oder sich mit ihren Aufgaben zu verbinden oder gar zu befreunden. Sie tat alles spielerisch und wie im Vorübergehen. Nur wenn sie ihren Stolz verletzt glaubte oder Mutters Anordnungen ihr ungerecht erschienen, dann wurde es ernst, dann sprühte sie von leidenschaftlichem Zorn, und zugleich verfinsterte sich die ganze Person, daß man sie geradezu fürchtete. Aber das waren schnell vorüberziehende Gewitter. Und je länger sie da war, je näher die Bedrohung des Krieges rückte, je mehr die Sorgen um die Zukunft wuchsen, umso mehr wurde Maria ein richtiges Familienmitglied.

Als die Bewohner des Hauses in der Hospitalstraße im Januar 1945 auf die Flucht gehen mußten, zog Maria mit ihnen nach Westen. Niemand hätte es für richtig gehalten, das junge Mädchen allein zurückzulassen. So ging Mutter mit sechs, statt mit fünf Kindern auf die Flucht, und aus der verschleppten Russin wurde scheinbar ein deutscher Flüchtling.

Sie kamen nur bis Mecklenburg und wurden drei Monate später von den Russen eingeholt. Da wurde aus Maria wieder ein russisches Mädchen, das sich von den Soldaten überreden ließ, mit ihnen zu gehen.

Die Rollen wurden getauscht: Maria Zaplapp, das verschleppte ukrainische Mädchen, gehörte jetzt zu den Siegern, ihre deutsche Familie, bei der sie zwei Jahre gelebt hatte, floh vor den russischen Soldaten in ein Waldversteck. Als sie sich drei Tage später wieder hervorwagte, war Maria verschwunden. War sie gerettet? Oder war sie nur tiefer hineingerissen worden in den Strudel von Siegern und Besiegten? Sie hörten niemals mehr von ihr.

Die Marienkirche und ein Pastor

Auf einer beinahe geraden Linie lagen, wenn Anna von der Hospitalstraße aus durch das breit gewölbte ›Neue Tor‹ nach Osten sah, zuerst die Neue Torstraße mit ihren schönen Geschäften, dann der Markt, wo Vater sein Büro hatte. Die Schmiedestraße, die zur Stolpe hin ein wenig abfiel, erreichte über eine hölzerne Brücke die Wilhelmstraße, an deren Ende man zur Petrikirche und zum Friedhof kam.
So weit konnte Anna nicht sehen, eine Häuserzeile am Markt sprang vor und verstellte den Blick; aber – von dieser kleinen Verschiebung abgesehen – lief doch ein Straßenband mitten durch die Stadt, streifte erst den Stephanplatz auf seiner linken, dann den Markt auf der rechten Seite und kreuzte die Stolpe im rechten Winkel. Merkwürdig herausgerückt und etwas schief zu diesem Kreuz aus Straße und Fluß lag die Pfarrkirche St. Marien.
Hätte sie nicht eigentlich im Zentrum von allem, im Kreuzpunkt liegen müssen? Auf diese Frage seiner Enkelin gab Nonno eine überraschende Antwort: Ob denn, fragte er, das menschliche Herz etwa im

Kreuzpunkt von Magen und Wirbelsäule läge? Und dann verriet er ihr noch ein Geheimnis: Das einzige, was in dieser Stadt ordentlich und gerade im Kreuz der Himmelsrichtungen läge, sei die Marienkirche.
»Die zeigt dir genau, wo Osten und wo Westen ist. Das übrige, na ja, ist alles so ein bißchen verschoben. Der Fluß kommt aus Süd-Südost angeflossen, und dein Straßenband erstreckt sich von Südwesten nach Nordosten. Aber eine Kirche muß Chor und Hauptaltar im Osten haben, das ist die Regel. Aus dem Osten steigt die Sonne jeden Morgen wieder herauf, und die Sonne ist ein Symbol für Christus.«
Warum nun die anderen Kirchen der Stadt alle mehr oder weniger von diesem Gesetz abwichen, konnte Nonno sich auch nicht erklären. St. Marien jedenfalls stand richtig, stand breit und fest und dunkelrot an ihrem Platz; weggerückt zwar vom Verkehrsfluß, aber unverrückbar. Sie wollte nicht schlank und hoch hinaus wie die Schloßkirche. Sie stellte ihr Gewicht schwer auf die Erde und hatte nur in dem zierlichen, zweistöckigen Aufbau auf dem quadratischen Westturm so etwas wie einen Finger, der zum Himmel zeigte.
Die gotische Backsteinkirche war am Ende des 15. Jahrhunderts am Platz ihrer vermutlich hölzernen Vorgängerin, die dem großen Feuer zum Opfer gefallen war, errichtet worden.
Der ›Himmelszeigefinger‹ war eine Zutat aus dem 17. Jahrhundert. Aber gewiß nicht seinetwegen war der starke Turm irgendwann aus dem Lot geraten und hatte sich deutlich nach Südwesten geneigt.

Am Ende des Zweiten Weltkrieges fiel die Turmspitze dem letzten verheerenden Brand der Stadt zum Opfer und wurde nicht wieder aufgebaut. So kehrte die Marienkirche in unserer Zeit zu ihrer ursprünglichen Gestalt, wie sie im 15. Jahrhundert errichtet worden war, zurück. Noch ernster und wuchtiger steht sie nun ohne den anmutigen Aufbau aus der Barockzeit an ihrem Platz.

Wenn Anna, wie es oft geschah, Mutter beim Einkaufen begleitete und sie von einem Geschäft zum anderen durch die Neue Torstraße vorrückten, um schließlich bei Herrn Wagners Lebensmittelladen, der dem Westturm der Marienkirche genau und ganz nah gegenüberlag, anzukommen, war es ihr immer, als wäre ihnen die Kirche entgegengegangen, als hätte sie sich mit ihren dicken Mauern noch ausgedehnt und der Kirchplatz wäre plötzlich eng geworden.

Im Innern der Kirche verlor sich der Eindruck des Übermächtigen. Man trat in einen weiten hellen Raum, dessen Farben weiß und rot waren. Am liebsten saß Anna nah bei der Kanzel, die so schön geschnitzt war und ein reich verziertes, hohes Dach über sich hatte. Glich es mehr einer Krone oder mehr einem wunderschönen, kostbaren Haus? Immer wieder verirrten sich die Augen zwischen hölzernem Spitzen- und Rankenwerk. Waren es noch Pflanzen oder schon Menschen? Und wer saß in dem sechseckigen Tempelchen?

Anna konnte es nicht erkennen, so sehr sie sich bemühte. Aus dem größeren Tempel wuchs ein kleinerer, und aus seinem Dach erhob sich eine wieder sechseckige Plattform, auf der hoch oben eine Figur stand, eine Gestalt wie ein König, die eine Kugel in der Hand hielt, und auf der Kugel sah man, wenn die Sonne von Süden hereinfiel, das Kreuz.

Nur schwer konnten die Augen die vielen verschlungenen Linien auseinanderhalten; aber das Ganze war schön an sich, von einer großen Anmut und auch ein wenig fremd in dem weiten, sonst kaum geschmückten Kirchenraum.

»Ein Wunderwerk ist es«, sagte Nonno, »das vor mehr als dreihundert Jahren entstanden ist. Man weiß nicht mehr, wer es gestiftet hat und von wem es geschaffen wurde, aber daß es ein großer Künstler gewesen sein muß, daran ist kein Zweifel.« Und dann erklärte er seiner Enkelin die Reliefbilder auf der Kanzel, die ganz deutlich zu erkennen waren und das Leben Jesu nacherzählten.

Gern ließ Anna sich von ihm alle einzelnen Schönheiten erklären, und ihre Augen wanderten mit. Noch lieber aber legte sie den Kopf weit zurück und blickte gerade hinauf ins Gewölbe, in das Sternengewölbe der hohen Kirche. Wie die roten Rippen sich hochschwangen und große unregelmäßige Sechssterne auf den weißen Grund zeichneten. Zwei Sternzacken senkten sich tief hinunter, fast bis zur halben Fensterhöhe; zwei andere breiteten sich weit nach beiden Seiten aus und berührten die Fensterbögen an ihrem höchsten Punkt – wie ausgespannte Flügel. Solche Sterne kannte Anna sonst nicht. Sie hatten etwas Beschützendes, als wollten sie ein zweites Dach bilden über der Gemeinde, die unter ihnen saß.

War es der Einfluß der frommen Großeltern, daß An-

na so gern in die Kirche ging? Vater und Mutter waren keine ›Kirchenchristen‹, wie sie das nannten, und die Pastoren teilten sie im Spaß in solche ein, die mehr, und solche, die weniger auf die Tränendrüsen drückten. Vater zitierte manchmal aus einem Lesebuchgedicht: ›Treib nie mit fremden Dingen Spott und ehr auch fremden Glauben, und laß dir deinen Herrn und Gott von keinem Spötter rauben.‹ Das reimte sich schön, aber es machte Anna nicht zufrieden; vielleicht, weil sie ›ihren Herrn und Gott‹ noch gar nicht kannte. Anna verehrte jedenfalls den Pastor der Marienkirche und hörte ihm andächtig zu, wenn er von der Kanzel predigte. Nicht immer konnte sie seinen Gedanken folgen, aber es blieben doch Worte und Sätze hängen und gewannen viel später, plötzlich und scheinbar unvermittelt, Bedeutung und Leben. Die Predigt war meistens ernst und eindringlich, beim Kindergottesdienst, der am kleinen Altar unterhalb der Kanzel gehalten wurde, klangen die Worte heller und fröhlicher; aber ganz besonders freute Anna sich jedesmal auf den Segen, den großen Moses-Segen am Ende eines Gottesdienstes, in dem gesagt wird: »Der Herr lasse sein Angesicht leuchten über dir ...«
Das sprach der Pastor Spittel so aus seinem Herzen, daß es wirklich ›leuchtete‹ und noch lange danach, wenn sie schon aus der Kirche gegangen war und die Orgel noch eine Weile hinter sich hörte.
Anna hätte etwas darum gegeben, schon konfirmiert zu sein und mit dem Pastor Spittel und seinen Konfirmanden einmal wenigstens die Winterwanderung zu der kleinen Feldsteinkirche nach Symbow ma-

chen zu dürfen. Eine Schar von Mädchen ging schon voraus, um die Kirche mit Tannengrün und Kerzen zum Advent zu schmücken; später wanderte dann der Pfarrer mit vielen Mädchen und Jungen den elf Kilometer langen Weg durch die Winterdämmerung nach Symbow. Die Dorfbewohner empfingen sie freundlich mit Kuchen und Kaffee, und schließlich feierten alle gemeinsam den Abendmahlsgottesdienst in der nur von Kerzen erhellten, alten Dorfkirche.
Am Ende standen sie im großen Kreis, hielten sich an den Händen und sahen auf die Lichter des Adventskranzes in ihrer Mitte.
Das war eine neue, freiere Art, den Gottesdienst zu halten, die viele junge Christen anzog, und Anna ließ sich gern davon erzählen, sie sah den Tag schon vor sich, an dem sie auch mitgehen würde.
Sie träumte; von der bedrohten Existenz dieses Pastors wußte sie nichts, bis Mutter eines Morgens mit einer Stimme, die ihr Herzklopfen machte, erzählte, daß der Pastor Spittel im Gefängnis sei.
Mit der Partei hatte er sich schon immer herumschlagen müssen. Oft saßen in seinen Gottesdiensten Fremde und schrieben mit, was ihnen verdächtig schien. Einmal hatte jemand ein Gesangbuch als Notizblock benutzt und wurde dabei beobachtet; als nun der Nazi ›die Beweise‹ mit sich aus der Kirche nehmen wollte, wurde er an der Türe angehalten und gebeten, das Buch dazulassen: Es dürfe nicht ausgeliehen werden, man hätte sowieso schon zu wenig Exemplare.
Die Eingeweihten freuten sich, aber der Stellungs-

krieg ging weiter. Es war seinen Gegnern – der Pastor wußte es – gelungen, zwei ehemalige Konfirmanden als Spitzel in den Jugendkreis der Gemeinde zu schleusen; von nun an würde jedes kritische Wort Folgen haben.

Im Freizeithaus der Gemeinde, in Freichow an der Ostsee, wo man sich in jedem Sommer zur Bibelarbeit und zur Erholung traf, gab es strikte Beschränkungen: keine Sportspiele mehr am Strand, keine Ausflüge, bei denen man als Gruppe auftrat, kein Lied durfte gesungen werden, das nicht ausdrücklich ein Kirchenlied war.

Die Bannführerin der Hitlerjugend reiste persönlich aus Stolp an, um zu kontrollieren. Sie nahm sich Kinder vor und fragte sie unter vier Augen über den Pastor aus. Der kämpfte mit allem frommen Mut gegen den Schrecken, der seine Gemeinde ängstigen und verunsichern sollte. Einige Jahre war es wirklich gelungen, einen – wenn auch immer bedrohten – Schwebezustand zu erhalten, bis dann der Film »Ich klage an« in den Stolper Kammerlichtspielen gezeigt wurde, der die ›Tötung unwerten Lebens‹ raffiniert propagierte. Der Pastor hielt diesmal seine Kritik nicht zurück. Nun war er im Gefängnis.

Man hatte ihn, viel zu dünn angezogen, auf dem Gefängnishof Holz hacken sehen. Es war der eisigkalte Winter des Jahres 1942, in dem die Temperaturen nachts bis auf 30 Grad unter Null fielen. Es war eine Unruhe in der Stadt. Die Gemeinde, die anfangs bedrückt und entsetzt reagiert hatte, faßte Mut und zeigte ihre Empörung.

Vom Lande war ein Bauer in die Stadt gekommen, der eine Hochzeit für seine Tochter bestellen wollte. Als er von der Verhaftung erfuhr, soll er in aller Naivität gefragt haben: ›Wo wohnt die Gestapo? Ich muß mit ihr reden!‹ Und soll dem erstaunten Gestapobeamten wahrhaftig erklärt haben: Er brauche den Pastor. Seine Tochter solle sofort getraut werden. Nächste Woche müsse ihr Heinz wieder an die Front für Führer und Vaterland. Und ohne Pastor sei das keine vernünftige Hochzeit.
Andere kamen, stellten Fragen und wollten Auskunft. Auf den rüden Bescheid eines ›Mächtigen‹, daß es ihrem Pfarrer wohl nicht schaden würde, wenn er mal Holz hacken müßte, soll ein junger Arbeiter geantwortet haben: »Vielleicht nicht, aber es geht mir gegen die Ehre, wenn so ein frommer Mann wie ein Verbrecher behandelt wird.«
Der Oberbürgermeister zeigte sich beeindruckt: ›Wenn sie den Pfarrer nicht freigäben, könnte er für die Ruhe in der Stadt nicht mehr garantieren‹, meldete er an die Regierung.
Zwei Amtsbrüder drangen bis in die Höhle des Löwen, in die Zentralstelle der Gestapo in Berlin, vor.
Der Pastor wurde schließlich freigelassen, und das soll – so hört man – sogar seine Gegner befriedigt haben.
Ob mehr solcher ›Siege‹ errungen wurden in ihrer Stadt?
Anna weiß es nicht; aber dies war einer.

Drei Jahre blieben Rudolf Spittel noch; drei Jahre, die nun immer tiefer in den Krieg, zum Tod so vieler Sol-

daten und in das Leiden der anderen Menschen führten. In der Stadt, die lange so weit entfernt war vom Kriegsgeschehen, sollten bald die ›Evakuierten‹ aus den von Bomben zerstörten Städten des Westens auf die Flüchtlinge von der Ostgrenze treffen. Für eine Weile noch waren sie dort in Sicherheit. Und viele unglückliche Menschen fanden einen wunderbaren Tröster in Pastor Spittel, der wirklich zu trösten verstand, weil er wirklich fromm war.
Im Frühjahr 1944 kam Anna zu ihm in den Konfirmandenunterricht. Frühmorgens, vor der Schule, trafen sich die Kinder und der Pastor, denn alles andere hatte Vorrang: Schule, HJ-Dienst, die großen Sportfeste. Nur unter der Bedingung, daß keine andere ›Pflicht‹ versäumt wurde, durften Eltern daran denken, ihre Kinder in den Konfirmandenunterricht zu schicken.
So waren es nur wenige Stunden, in denen Anna Pastor Spittel als Lehrer erlebte; sie sind ihr trotzdem unvergeßlich geblieben, denn er hatte einen anderen Ton als die Lehrer in der Schule, eine andere Art des Denkens und Erklärens; einzig ›Opa Frese‹, bei dem ihre Klasse gerade ›Pole Poppenspeeler‹ von Storm las, nahm Anna aus. Die Ideologie der Nationalsozialisten war ihr noch kein Begriff, aber daß man mit ihr immer schnell am Ende, daß sie eigentlich langweilig war, erlebte sie wohl. Wenn dagegen die Konfirmanden in aller Herrgottsfrühe mit ihrem Pastor darüber nachdachten, was es wohl bedeuten könnte, daß Gott, wie es heißt, den Menschen nach seinem Bilde geschaffen habe, dann wurde es spannend. Die

Gedanken durften sich frei und leicht bewegen und ohne Scheuklappen.

Im Januar 1945 wurde der Unterricht bei Pastor Spittel für immer unterbrochen. Anna wurde auf der Flucht in einer fremden Dorfkirche in Mecklenburg eingesegnet.

War es ein Zufall, daß ihr vierzig Jahre später, auf der Suche nach Spuren der Kinderzeit, plötzlich die Predigt vor Augen lag, die Pastor Spittel beim letzten Konfirmationsgottesdienst in der Marienkirche gehalten hatte und die ja auch ›ihre‹ Predigt gewesen wäre?

Unter dem Eindruck der heranrückenden russischen Front war der Termin für die Einsegnung in diesem Jahr vorgelegt worden. Wer konnte wissen, wo man Palmsonntag sein würde! Die Bedrohung war furchtbar, die Hoffnung vage. Es gab keine menschliche Instanz mehr, die die Einwohner der Stadt retten würde vor dem, was heranrückte. Das war gewiß.

Unter solchen Vorzeichen wählte der Pastor den 91. Psalm als Predigttext für seine Konfirmanden:

Wer unter dem Schirm des Höchsten sitzt
und unter dem Schatten des Allmächtigen bleibt,
der spricht zu dem Herrn:
meine Zuversicht und meine Burg,
mein Gott, auf den ich hoffe ...

Es muß in seiner Auslegung dieses Psalmes die Kraft zu einem Wunder gelegen haben; denn die Menschen, die mit dem Pastor in der Marienkirche am 18. Februar 1945 beteten, fanden eine große innere

Ruhe und ein Gottvertrauen, wie sie es zuvor nicht gekannt hatten.

Einen Monat später schon kam für ihn und diese Menschen das Entsetzliche; denn nun – mit der Eroberung der Stadt – begann das niemals Vorstellbare. Das Böse selber war los: zerstörte, verfolgte, riß heraus und zerschlug, bis kein aufrechter Gang, keine Orientierung mehr möglich war.

So war es. Und so war es auch nicht.

Es gab auch dies noch: daß die Schwachen die Schwächeren stützten und die Unglücklichen die Leidenden trösteten.

Der Pastor versuchte, sein Amt wieder auszuüben. Es wurde ihm nicht erlaubt. Aber niemand konnte ihn hindern, als Privatmann Andachten zu halten, Sterbende zu besuchen und die Lebenden zu trösten.

Auch er selber war nah an den dunklen Strom herangekommen, der ihn aus seinem Lebenskreis fortführen würde. Die äußeren Stationen seiner letzten Lebenszeit hießen:

Gefängnis – Abtransport zur Zwangsarbeit – Fleckfieber.

Die Zeit des Frühlings war heraufgekommen, aber die Menschen sahen nichts davon.

Im Sommer 1945 starb Pastor Rudolf Spittel, siebenundvierzig Jahre alt, in einem Gefangenenlager im Osten.

Voßberg

»Sonntagskinder«, hatte Vater einmal zu Anna gesagt, als sie in der Dämmerung durch den Voßberger Wald gingen, »Sonntagskinder, weißt du, haben besondere Vorrechte. Sie sehen mehr als andere, wenn sie zur rechten Stunde am rechten Ort sind und sich darauf berufen, daß sie am Feiertag zur Welt kamen.«
Wo ist der rechte Ort? Und wann die rechte Stunde?
Wie gerne wollte Anna sich auf den Tag ihrer Geburt berufen und mit aller Kraft wünschen, daß noch einmal ein Sommertag in Voßberg sich ihr zeigen könnte!
Ganz früh, noch vor dem Aufwachen müßte er beginnen. In den letzten, leichten Morgenschlaf wollte sie sich leise hineinschleichen, noch ehe die Augen sich öffneten, doch mit dem wiederkehrenden Bewußtsein die Ohren schon Geräusche wahrnahmen, andere als in der Stadt. Vorm Fenster bewegte der Morgenwind Fichten und Kiefern sachte hin und her und ließ einen Ton entstehen, der nur zarteste Bewegung war. Ab und zu knackte ein trockener Ast.

Dann, ohne zu begreifen, begannen die schlaftrunkenen Augen das Bild der bunten Kattunvorhänge einzufangen, folgten den Mustern, all den verwirrenden Linien, die über Stoffwellen und -täler zogen, verweilten im tiefen Blau, im satten Rot und blinzelten den kleinen Sonneninseln zu, die sich mehr und mehr ausbreiteten, bis schließlich das Bewußtsein sich mit Erinnerungen füllte:
›Ja, du bist da! Bist wirklich in Voßberg! Und es wird wieder sein wie jeden Sommer.‹
Schnell in die Kleider! Vorsichtig die knarrende Holztreppe hinab, durch das Zimmer mit den dunklen Ahnenbildern und hinaus auf die Veranda. Ein paar Schritte noch, dann stand sie schon am äußersten Rand des Vorplatzes, wo hinter einer niedrigen Hecke der Berg steil abfiel. Aber hier, unter ihr, war noch sicherer Grund.
Anna fühlte die Morgensonne und schaute weit hinaus: Erst grün, dann grünblau, blaugrau allmählich und weit nach hinten nur noch als Schattendunst breiteten sich die Wälder aus. Vogelstimmen ließen sich hören, auch hin und wieder tief unten das ferne Surren eines Autos auf der Chaussee. Langsam kam es heran und verlor sich wieder im blaudunstigen Morgen.
So begann der Tag. Stimmen füllten ihn, und mit der heraufsteigenden Sonne geriet er selber unaufhaltsam in Bewegung. Die Eltern kamen, die Geschwister; sie frühstückten auf der morgenkühlen Veranda. Sie waren alle beieinander, nichts drängte. Alles lag freundlich ausgebreitet da.
Was würde Annas Morgengeschäft sein an diesem

herbeigezauberten Tag? Es hätte sein können, daß sie in die Schule mußte, in die einklassige Schule nach Ziegnitz. Der Weg dahin hatte durch Felder geführt und vorbei an alten Apfelbäumen. Und sie hatte immer schon bei den ›Großen‹ sitzen und viel schwerere Sachen lernen dürfen als in der Stadt.
Oder hätte sie an diesem Morgen Johannisbeeren pflücken sollen hinten in dem großen Garten bei der Gänseweide?
Nein, Anna und Nane wurden von Mutter beauftragt, nach Zollbrück zu fahren zum Einkaufen. Die Gastwirtschaft Blume gleich neben dem Bahnhof hatte auf der einen Seite auch einen Laden, in dem man von eingelegten Heringen bis zu Holzpantoffeln und Griffeln alles haben konnte. Und nach allem roch es auch in einer wunderbar gemischten Weise.
Etwa sieben Kilometer Weg lagen zwischen dem Voßberg und Zollbrück. Sie fuhren mit Rädern und wohlgerüstet mit Einkaufszettel und -geld, mit Körben und Ermahnungen. »Fahrt vorsichtig!« hörten sie Mutter noch rufen, da waren sie schon in den schattigen, schnell abfallenden Sandweg eingebogen und mußten sehr aufpassen, auf dem festen Randstreifen ihre Spur zu halten. Bloß nicht wackeln und in die Mitte, in den weichen Sand rutschen, das hätte einen Sturz bedeutet bei ihrem Tempo.
Unten mußten sie in den Schlangenweg einbiegen – hieß er so, weil da wirklich einmal Schlangen gelebt hatten oder weil er sich so biegsam zwischen Waldrand und Kartoffelfeldern hindurch schlängelte? Bald rumpelten die Räder über die breite Brücke, die aus nichts als Fichtenstämmen über den Wiesen-

bach gelegt war, und die Chaussee war nicht mehr weit. Aber vorher kam noch der Tollkirschenbaum. »Die dürft ihr nicht pflücken, nicht einmal anfassen, so giftig sind sie! Ihr würde auf der Stelle sterben.«
Wie dunkelrot die Beeren glänzten, ganz prall vom Gift! Anna betrachtete den Baum, der an einer Weggabel stand, eindringlich; aber er machte ihr keine Angst. Es war ihr eine absolute Gewißheit, daß niemand, den sie liebte, von diesen Beeren essen würde. Der Tollkirschenbaum konnte ruhig dastehen und noch so verführerisch leuchten.
Wirklich allein auf ihrem Weg fühlten die Schwestern sich erst auf der Chaussee. Dort schützte der Wald sie nicht mehr, da fuhren sie in der hellen Sonne, und aus jedem Waldweg, der in die Chaussee einmündete, konnte etwas auf sie zugestürzt kommen: entlaufene Sträflinge zum Beispiel, vielleicht sogar kriegsgefangene Russen oder Polen! Oder ein wütendes Wildschwein, von denen die Jäger sich böse Geschichten erzählten, oder etwas, was überhaupt nicht vorzustellen, nur einfach schrecklich war.
Sie traten fester in die Pedalen, sprachen nur leise miteinander und guckten scharf nach links und rechts. Schön war es, wenn ein Auto vorüberfuhr; eine Weile lang gab es dann noch jemanden außer ihnen in der großen Stille.
»Komm, wir ›pesen‹!« rief Anna plötzlich und fuhr so schnell sie konnte. Sie merkte nicht, wie sie von der festen Chausseedecke abkam, auf den Schotterrand rutschte, einen Kilometerstein rammte und mit großer Wucht abgeworfen wurde.

Wie lange dauerte es, bis sie fühlte, wie das eine Knie heiß und klebrig wurde, die Ellbogen brannten und die Hände sich tastend bewegten; bis sie sich selber merkwürdig schrill vor lauter Entsetzen schreien hörte? Dann knirschte schon das Rad der kleinen Schwester neben ihr. Wie gut, daß sie da war! Nane warf das Rad an die Seite, lief heran, und während Anna dalag, als wäre sie ganz zerschlagen, hörte sie die kleine Schwester sprechen: »Lieber Gott, laß Anna nicht sterben!« Anna blinzelte, sah Nane neben sich auf dem Schotter knien und beten und sah gleich gar nichts mehr, weil sie heulen mußte vor Rührung und sich schämte, daß sie so ein Theater gemacht hatte.

Es war ja auch nichts. Nur das Knie aufgeschlagen und die Ellbogen und die Handballen ganz mit eingepreßten kleinen Steinchen verziert. Es war nichts. Sie rappelte sich hoch, Nane sammelte das verstreute Zeug zusammen. Das Vorderrad war verbogen und schleifte am Schutzblech, aber das würde der Schmied in Zollbrück schon richten. »Es ist schon wieder gut«, sagte Anna und fühlte, wie es in ihr ganz warm wurde, als sie die kleine Schwester ansah.

In Zollbrück, als alle Geschäfte erledigt waren, setzten sie sich in die Gaststube und bestellten sich jeder ein Glas Zitronensprudel. Das war sozusagen ihr Botenlohn und etwas ganz Außergewöhnliches; denn Mutter verabscheute Zitronensprudel. Wenn sie dabei war, durfte man so etwas ›Ordinäres‹ nicht trinken.

Als sie wieder heimfuhren, stand die Sonne genau

über der Chaussee, der Tag war sehr heiß geworden. Aber sie hatten Glück, weil ein Fuhrwerk vorüberkam und sie sich anhängen durften. Unter den Bäumen, als sie wieder in den Waldweg einbogen, wurde es schattig und angenehm, obwohl sie nun das letzte Stück schieben mußten und die Räder mit den vollen Körben immer schwerer wurden.

Am Nachmittag gingen sie alle zum See. Das war ein langer, wunderbarer Weg. Die Kinder hatten das Badezeug fest zusammengerollt unterm Arm und liefen voraus. Auf ihren glatten Sandalen rutschten und rannten sie den steilen Fußweg nach Süden bergab. Nur in den Rinnen, die das herunterfließende Regenwasser im hellen Sand ausgewaschen hatte, fanden die Füße immer wieder Halt.
Unten warteten sie auf die andern, denn nun mußten sie gleich auf einem engen Weg durchs Erlengebüsch. Schwere feuchte Zweige hingen in den Weg, und von beiden Seiten rückte kratziges Gesträuch heran, hakte sich fest und wollte nicht loslassen. Erst wenn unter den Füßen das glitschige, moosüberwachsene Brett spürbar wurde, das über den Wiesenbach führte, wurden sie wieder mutiger; nur noch wenige Schritte, und sie würden auf der Wiese sein.
Die Wiese! Das war so eine, wie man sie sich immer erträumt. So üppig von dunkelsaftigem Grün und bunten Blumen, und würzig duftend. Die Kinder konnten nicht einfach so hinüberlaufen, sie warfen sich hinein und fühlten, beinah betäubt, wie ein grün gepolsterter Backofen sie umschloß. Und die Lust auf den kühlen See wurde immer größer.

Ein breiter Forellenbach, der über weißen Sand und Kieselsteine nach Westen lief, begrenzte die Wiese auf der anderen Seite. Eine Brücke führte hinüber. Sie schwankte und wippte bedenklich. Lange schon fehlte ihr in der Mitte ein Brett, und nur an einer Seite gab es ein Geländer. Einzeln – nicht zu schnell und nicht zu langsam – liefen sie hinüber, sprangen erleichtert auf den festen Waldboden und fühlten sich unter den hohen Bäumen, als gingen sie durch einen kühlen Raum. Da wuchsen Glockenblumen auf zarten Stengeln und Blaubeeren, und Mutter, die ›Pilzaugen‹ hatte, fand auch meistens welche unter den tiefangesetzten Fichtenzweigen.
Bald standen sie an der Chaussee. Wie ein Spiegel warf sie ihnen das Sonnenlicht entgegen, daß sie Mühe hatten, die weichen, klebrigen Flecken auf der Teerhaut zu erkennen. Und drüben, auf der anderen Seite, zeigte sich der Kreuzotterweg. Zwei helle Sandspuren, zwischen denen Heidekraut und harte Gräser wuchsen, führten durch eine niedrige Schonung. Da irgendwo schliefen die Schlangen. Wehe – wenn man sie plötzlich störte! Mit unbeschreiblicher Schnelligkeit würden sie herausgeschossen kommen und zubeißen. Anna sah auf ihre nackten Füße in den Riemchensandalen. Es war nicht auszudenken!
So leicht und leise sie nur konnten, liefen die Kinder vorüber. Die Schlangen sollten schlafen, sollten im warmen Sand zusammengerollt liegenbleiben, bis die Menschen am Ende der heißen Kiefernschonung den hohen Wald wieder erreicht hätten.
Zuletzt, ganz nah am Ziel, lösten sie sich voneinan-

der. Jeder ging nun für sich und malte schon in der Phantasie das Bild der Wasserfläche hinter die rötlichen Stämme.

Aber immer noch heller, noch sonnenglitzernder lag plötzlich der See vor Annas Augen. Und immer war es, als hätte sie ihn zum erstenmal da mitten im Wald entdeckt.

Nah am Wasser stand das Badehäuschen, grün angestrichen, mit zwei, durch eine Bretterwand getrennten, Umkleidekabinen. Eine für die Großen, eine für die Kinder. Anna suchte sich ihren eigenen Uferplatz. Hin und wieder ließen die Büsche und Bäume ein Stückchen Erde frei, nur die Wurzeln liefen überall dicht unter der dünnen Grasnabe. Die fühlte man hart im Rücken, während die Augen zufrieden in den Himmel dösten und das Lachen und Reden der andern in den Erlenbüschen hängenblieb. Nur wenn Mutter ins Wasser ging, wurde Anna unruhig. Mutter schwamm gerne weit hinaus, bis zur Försterei auf der anderen Seeseite, und Anna sah, wie der weiße Badekappenkopf immer kleiner wurde. Das war ihr nicht geheuer.

›Wie tief das Wasser unter Mutters Bauch ist‹! dachte sie, ›und am andern Ufer gibt es Schlingpflanzen, die können einen richtig festhalten!‹

Aber dann ging sie selber ins Wasser, grub die Hände in den weichen Grund und tat, als könnte sie schon schwimmen.

›Ich bin ein Nix,
es macht mir nix,
daß ich nix schwimmen kann!‹
sang sie leise vor sich hin und bewegte, während das

Wasser den Körper ganz leicht machte, sich am flachen Seeufer entlang.
Als sie heimgingen, waren die Schatten schon lang geworden, und zwischen den Bäumen hing die Dunkelheit. Im Haus wurden die Petroleumlampen angezündet; alle hatten Hunger, und müde waren sie auch.
So endete der Tag, der aus der Vergangenheit wiederholte, vertraute Tag.
Hatte Anna gedacht, sie würde einen neuen zu den schon gelebten hinzubekommen? Würde sie eine neue Seite des verlorenen Ortes entdecken können?
So weit aber reichte die Kraft ihres Wunsches nicht.
Wie er gekommen, verschwand der schöne Tag mit der Sonne, die nun weit hinterm Kartoffelfeld unterging. ›Wie schwarz die Gardinen jetzt aussehen‹, dachte Anna, ehe sie einschlief.
Wo die Farben wohl hingegangen sind?

Das hölzerne Schlößchen

Jedes Jahr, wenn es Sommer wurde, zogen sie aufs Land hinaus, nach Voßberg, zum Berg der Füchse, und lebten da mitten im Wald viele Wochen.
Nur fünfundzwanzig Kilometer lag der Berg mit seinem Wald von der Stadt entfernt; aber für die Kinder waren es hundert oder tausend Kilometer. Es war ein Weg, den man nur im Sommer zurücklegte, nur nach langer Vorfreude und einem umständlichen Auszug aus der Stadtwohnung. Bettwäsche und Handtücher, Kleider und Eßvorräte, Gewehre, Bücher, Wein und wer weiß, was noch alles, mußten mit in den Wald. Einmal hatte Mutter sogar darauf bestanden, daß auch die Wickelkommode und der Kinderwagen dringend nötig wären, und da war die ganze Sommerladung auf einen Rollwagen gepackt und Krause anvertraut worden, der frühmorgens losfahren und gleichzeitig mit den Autofahrern am Voßberg ankommen sollte.
Anna und Nane, für die im Auto wegen Babies und Kindermädchen sowieso kein Platz mehr gewesen wäre, durften die langsame Tour mit Krause fahren.

Sie bauten sich zwischen Koffern und Möbelstücken einen gemütlichen Lagerplatz, und der Kutscher spannte, weil es nach Regen aussah, eine Zeltplane über das Kindernest. Da hockten sie denn, mit Stullenpaketen und Lieblingsbüchern wohl versorgt, wie in einem Häuschen, als der Wagen durchs Tor auf die Hospitalstraße rumpelte, und weil es so schön trappelte und klapperte und noch so früh am Morgen war, wurden sie noch einmal in den Schlaf geschüttelt und wachten erst wieder auf, als Krause da, wo er hinter Ulrichsfelde von der großen Straße abbiegen mußte, anhielt und zu ihnen herüberstieg, um die Zeltplane einzurollen. Aus dem trüben Morgen war ein heller, fröhlicher Tag geworden. Sie streckten sich und konnten nicht glauben, daß sie noch eine ganze Stunde geschlafen hatten. Jetzt fuhren sie auf Alt Reblin zu. »Diesmal werden wir über die Mauer gucken!« rief Anna und suchte sich einen guten Ausguckplatz. In Alt Reblin schlug die Straße zwei rechtwinklige Haken, und beim zweiten führte sie ganz nah an einer alten, dicht überwachsenen Mauer entlang. Mutter hatte ihnen, wenn sie im Auto vorüberfuhren und nichts als die mit Rosen und Efeu überwucherten Steine sahen, nie sagen wollen, was dahinter wäre. Jetzt endlich sah Anna den Garten, ein Park war es eher mit hohen Bäumen, der gegen das Gutshaus zu, das vom andern Ende ernst und grau herüberblickte, lichter wurde. Keine Menschenseele zeigte sich.

›Ich werde in Voßberg einen Roman über die Leute schreiben, die da wohnen‹, beschloß Anna, ›sowas

Ähnliches wie ›Little Lord Fountleroy‹, das war gerade ihr Lieblingsbuch.
Die Sonne war höher gestiegen, es wurde warm im Rollwagennest, und der Tag zog sich in die Länge. Klein-Runow war wirklich klein und Groß-Schlönwitz auch, aber mitten im Dorf gab es einen See für Enten und Gänse, und überall auf Scheunen und hohen Plätzen entdeckten sie Störche, die ihre Jungen fütterten.
Es war ja alles ganz schön, aber so schön nun auch wieder nicht und sogar ein bißchen langweilig, zumal Krause einfach nicht zum Sprechen zu bringen war. Dösend hingen die beiden Schwestern überm Wagenrand und ließen die Augen über die vorbeiziehende Teerdecke gleiten, ohne wirklich etwas wahrzunehmen. »Weißt du was«, sagte Nane plötzlich, »wir machen uns ein Thema.« Das war die Idee! Anna wurde sofort hellwach. Ein Thema, das hieß: Wir erfinden eine Geschichte. Und welche andere Geschichte hätten sie an diesem Morgen erfinden können, als die ›Von ihrem heimlichen Verschwinden‹!
Wie wäre das, wenn Krause sich gemütlich umdrehen würde und den ganzen Koffer- und Möbelkram schön ordentlich vor sich sähe, aber keine Kinder? Kein einziges Kind! Alle beide verschwunden. Die beiden hatten sich nämlich heimlich vom fahrenden Wagen fallen lassen, kurz vor einer Kurve natürlich, damit sie ungesehen im Graben, im ausgetrockneten Graben natürlich, versinken konnten. Was würde Krause nun tun?
Sie spielten mehrere Varianten durch, eine immer

komischer als die andere. Am liebsten hatten sie aber doch die Vorstellung, daß Krause bis zum Voßberg überhaupt nichts merken würde. Und dann, wenn Mutter aus dem Haus käme, um sie zu begrüßen und plötzlich: »Ja, um Gottes willen. Wo sind denn die Kinder!« rufen würde, und Krause gar nichts wüßte und Mutter wie ein Blitz – wie damals, als sie mit dem brennenden Weihnachtsbaum in der bloßen Hand aus Großvaters Wohnung gerannt war – ins Auto springen würde, um sie zu suchen, wie sie dann endlich zwischen Jung-Schlönwitz und Franzen am Straßenrand entdeckt werden würden... Da stockte der phantastische Gedankenfluß, denn es war bei aller Erfindungsgabe nicht möglich, sich vorzustellen, daß Mutter nun in gerührte Tränen ausbrechen und ihre Töchter in die Arme schließen würde. Viel ungemütlichere Szenen drängten sich auf! ›Nein, die Geschichte muß noch ganz anders gehen‹, dachte Anna, aber da hörten sie einen Ton von vorne, vom Kutschbock, und sahen Krause mit dem Peitschenstiel nach rechts hinüberzeigen. Das Thema fiel wie ein ›Nichts‹ vom Wagen, denn da hinten, wo die Peitsche hinwies, zeigte sich am Horizont die Linie des Voßberger Waldes.

»Wenn ihr still haltet und artig seid, könnt ihr ja auch man nach vorne auf den Bock hinsitzen«, brummte der Kutscher gnädig, und das taten sie. Hielten sich am Eisengeländer der Sitzbank fest, denn die Beine erreichten den Boden noch nicht und hatten Herzklopfen vor lauter Spannung und Vorfreude. Voßberg kam immer näher.

Ganz am Ende der Fahrt hatten die Pferde noch einmal schwere Arbeit mit dem steilen, sandigen Weg. Auf der linken Seite standen Fichten undurchdringlich dicht beieinander und sperrten die Sonne aus. Auf der rechten Seite wuchsen Eichen und Birken im lockeren Verband. Von daher fiel Licht auf den Weg, denn gleich hinter den Laubbäumen dehnten sich große Getreide- und Kartoffelfelder. Wenn sich aber die dunkle Wand auf der Linken zu einer breiten Einfahrt öffnete, dann war die Reise zu Ende. Vor ihnen lag auf einer Lichtung des Bergrückens das Haus – das hölzerne Schlößchen. Im Halbkreis umgaben es andere Gebäude: Ställe, Remisen, das Fachwerkhaus des Waldarbeiters, dessen Tochter Melitta hieß, und bildeten einen weiten Hof. In der Mitte des Hofes aber stand, von Bäumen und Sträuchern umringt, das Pumpenhäuschen.

Wenn der Wassertank oben auf dem Dachgarten leer geworden war, kam ein Monteur aus dem Dorf und warf den Pumpenmotor an. Das war ein Krachen und Schütteln! Das Häuschen schien zu bersten, ja mit dem schnellen Treibriemen selber in Bewegung zu geraten, und zwischen den Tannenwipfeln stieg stinkender Rauch in den Himmel, aber die Wasserleitungen füllten sich wieder.

Von allen Seiten rückte der Wald heran; nur nach Süden fiel der Berg ziemlich steil herab. Aber da hob sich mitten auf dem Abhang die Große-Tanne hoch empor wie ein Wahrzeichen. Um sie her blühten Lupinen und Ginster, Heidekraut und kleineres Gesträuch, die ließen den Augen Raum, weit hinauszuschauen über die großen Wälder zu Füßen des Voßberges.

Unbemerkt waren sie in den Hof gefahren, waren nach mehr als drei Stunden Fahrt glücklich angelangt. Fenster und Türen standen weit offen. Das Haus sollte die trockene, warme Waldluft einatmen nach den langen Wintermonaten. Alle waren beschäftigt, die Sommerwohnung wieder in Besitz zu nehmen. Vor dem Dunkelwerden, noch ehe die Petroleumlampen angezündet wurden, mußte alles eingeräumt und eingerichtet sein.
Das kleine hölzerne Schloß hatte eine schöne Geschichte:
Als der General Max von Mitzlaff im Jahre 1900 seinen Abschied aus preußischen Diensten genommen hatte, erfüllte er sich zwei sehr gegensätzliche Träume. Zuerst kaufte er ein Waldgut in Hinterpommern, und dann machte er mehrere große Weltreisen: eine nach Hinterindien und eine andere nach Südamerika. Die erste Reise aber führte ihn durch ganz Skandinavien bis nach Spitzbergen. Und auf dieser Reise, irgenwo mitten in Norwegen, entdeckte er ein leerstehendes Gutshaus, das ihm außerordentlich gefiel. Er kaufte es kurzentschlossen, ließ es Brett für Brett und Balken für Balken abbauen und über die Ostsee nach Süden, nach Hinterpommern, verfrachten.
Wie ein spleeniger amerikanischer Millionär, der ein Castello in Italien kaufte und es in der Wüste Nevada wieder aufrichten ließ, so hatte der General das norwegische Gewächs in seinen Wald verpflanzt.

Aber das Haus war nicht fremd an seinem Platz. Mit dem hohen Dach, das mit Holzschindeln gedeckt war, mit den vielen Giebeln und dem Saal zwischen den beiden Wohnflügeln stand es wie ein feudales Försterhaus unter den Eichen, wie ein sehr feudales allerdings, mit vielen Zimmern, einer großen Dachterrasse über dem Saal, mit Veranda und Loggia und genug geheimnisvollen Neben- und Kellerräumen, daß die Kinder jedes Jahr wieder Neues entdeckten.

Der General und seine Frau Olga lebten glückliche Jahre im Voßberger Haus. Große Kachelöfen gaben Wärme im Winter. Die Eichen wuchsen heran und spendeten Schatten im Sommer. Jagden und ländliche Geselligkeit bestimmten das Leben. Unten am kleinen See wurde eine Laube zum Teetrinken gebaut. Auf alten Fotos sieht man die Herren mit hohen, steifen Kragen und die Damen mit breitrandigen Hüten an dem schönen, einsamen Platz. An warmen Tagen machte der brasilianische Papagei Ausflüge in den Wald und wurde abends, wenn Wurzel, der Dackel, ihn endlich aufgespürt hatte, auf einer langen Stange sitzend, im Triumphmarsch heimgeleitet.

Im Sommer 1916 aber starb der General. Mitten in seinem Wald – wie er es immer gewünscht hatte – begegnete ihm der Tod. Im Schlangenweg, da wo der anmutige Fächerfarn unter den Fichten wächst.

Ein Findling bezeichnet heute noch diesen Platz, und auch der Eichendorff-Vers, den Olga von Mitzlaff zu seinem Gedenken in den Stein meißeln ließ, ist immer noch gut zu lesen:

*Im Walde steht geschrieben
Ein stilles ernstes Wort
Vom rechten Tun und Lieben
Und was der Menschen Hort.
So treu hat er gelesen
Die Worte schlicht und wahr,
Und durch sein ganzes Wesen
Ward's unaussprechlich klar.*

Mit fünfzig Jahren war Olga von Mitzlaff Witwe geworden. Sie zog sich in den einen Flügel des Schlößchens zurück und verpachtete den größeren Teil des Hauses und die Jagd, als die Zeit der Inflation nach dem Ersten Weltkrieg überall wirtschaftliche Not brachte.
Von nun an stand das Haus im Winter leer. Wie die Zugvögel kehrten seine Bewohner erst in der warmen Jahreszeit wieder ein. Inzwischen war der Winter gekommen und gegangen. Niemand hatte ihn gesehen. Ob nicht doch vielleicht jemand in dem verlassenen Haus Schutz gesucht hatte? Oft kam Anna die Ballade in den Sinn, die Nonno so gern rezitierte: Sie handelte von armen, verfolgten Menschen, die im Augenblick der allergrößten Not zu Gott beten:
›Eine Mauer um uns baue, daß dem Feinde davor graue!‹ Und wahrhaftig wird ihr Gebet erhört, denn es beginnt zu schneien und schneit und schneit und hört nicht auf, bis eine riesige Schneemauer die Menschen und ihr Haus vollkommen verbirgt, und die Feinde glauben, sie zögen an einem verschneiten Gebirge vorüber.

So, dachte Anna, so könnte es auch in Voßberg im Winter gewesen sein. Voßberg war ihr so ein geheimnisvoller Ort der Rettung. Hätte es nicht leicht geschehen können, daß der Wald sich in großer Not dichter und dichter zusammenschließen, ja, zu einer undurchdringlichen Mauer zusammenwachsen würde? Oder hätte nicht der Schnee eine tiefe, irreführende Decke ausbreiten können, um Haus und Menschen vor Bösem zu bewahren?
So träumte Anna.
Aber den wirklichen Winter kannte sie nicht. Er blieb das Geheimnis des Hauses und des Waldes. Voßberg war eine Sommerwohnung.

Meistens erreichte Olga von Mitzlaff die Sommerwohnung schon vor den Kindern, natürlich begleitet von Mariechen, dem ›guten Geist‹. Mariechen lebte den Winter über in Ziegnitz, ihrem Heimatdorf, aber im Sommer führte sie den Haushalt der alten Dame, hielt auf Distanz zur bürgerlichen Hälfte des Schlosses und wäre für die ›Jnädje Frau‹ jederzeit durchs Feuer gegangen. Das allerdings galt nicht nur für Mariechen – jeder, der Olga von Mitzlaff kannte, hätte es getan.
Was war es, das die alte kinderlose Frau so unwiderstehlich machte, daß noch heute, so lange nach ihrem Tod, jeder, der sich an sie erinnert, unmittelbar zu schwärmen beginnt?
Sie besaß wohl von allem das rechte, das schöne Maß, das angenehm macht und liebenswürdig: von der Klugheit und von der Schönheit, vom Humor und vom Ernst, vom Leichten und vom Schweren –

von allem das richtige Maß. Sie hatte Phantasie für den Alltag und Aufmerksamkeit für die andern und war über jeden äußeren Adelsstolz erhaben. Sie reihte Anna und deren Geschwister ganz selbstverständlich in die Schar ihrer Großnichten und -neffen ein.
Die Kinder machten denn auch, sobald wie möglich, ihren Begrüßungsbesuch bei Tante Olli. Natürlich stürzte man nicht so einfach hinein. Nein, ordentlich gekämmt und mit sauberen Händen klopften sie an die Tür, über der noch die alte trockene Schlangenhaut von Maxens Brasilienreise hing, und warteten andächtig auf das halb gesungene ›Her-rei-hein!‹.
Tante Olli saß wie immer an ihrem Fensterplatz, von vielen dunklen Möbelstücken umgeben. Das Klavier nahm zuviel Platz weg, ein Sofa stand im Weg. Von der einen Wand schaute Max von Mitzlaffs Ölportrait, er als General in Uniform, sie selber daneben jung und hübsch in Hoftoilette und noch hundert andere Bilder mit fremden Gesichtern und Häusern drauf.
Aber das Fenster, das den Blick auf die Eichen und die fernen Waldhorizonte freigab, nahm dem Zimmer jede Enge, und Tante Olli, schlank und weißhaarig, im schwarzen Kleid und weißem Seidenband um den Hals, gab ihm noch eine andere Dimension, und die wuchs aus Herzenswärme und Herzensgüte und war eben das Beste von allem.
Die Kinder begannen, etwas beklommen, mit dem berühmten Handkuß und ungeschicktem Herumstehen; aber bald saßen sie am Tisch neben ihr, erzählten vom Winter in der Stadt, von der Schule, von

der Freude auf Voßberg, von allem überhaupt, und Tante Olli hörte zu, aufmerksam und ruhig, als wären sie erwachsene Leute.
Später läutete sie mit einem Silberglöckchen und rief – nein, sang – dazu: »Marie-hie-hiechen!« Und als der gute Geist fragend an der Tür erschien, wurde ›etwas für den allgemeinen Bärenhunger‹ bestellt. Bald trug Mariechen feierlich ein großes Tablett herein, auf dem Tante Ollis Sauermilch-Frühstück stand und für jedes Kind ein Tellerchen mit Kirschen. Andächtig schaute Anna zu, wenn die alte Dame nun das Mahl vorbereitete: Über die weiße Fläche in der leuchtend-blauen Glasschüssel streute sie mit einem flachen Löffel Zucker und darüber wieder zerkrümelte sie eine dicke Schicht Schwarzbrotbrocken, bis nichts mehr von der Sauermilch zu sehen war. Dann endlich senkte sich der Löffel hinein und hinterließ weiße, runde Mulden in der sonderbar weich-festen Masse. Ab und zu kullerte ein Brotbröckchen in ein weißes Tal, aber nie wurden die Schichten durcheinandergerührt. Zu Hause gab es so etwas nicht zu essen. Es war Tante Ollis Speise und eine, die sehr zu ihr paßte.
Eh der Besuch zu Ende ging, kam man noch auf eine wichtige Frage:
Gab es Arbeiten, die auf die Kinder warteten?
O ja! Danach fragte man Tante Olli nie vergeblich. Sie kannte oder erfand die herrlichsten Arbeiten.
»Seht euch mal den Weg zur Birkenlaube an, Kinder! Die vielen alten Blätter. Da muß dringend geputzt werden!«

Oder sie sprach vom Fuchsbau, den sie letzten Sommer gemeinsam am Berg entdeckt hatten: »Irgend etwas muß ihn verschüttet haben. War es das Wasser? Oder vielleicht ein Tier? Ich glaube, wir sollten ihn freischaufeln.«
Was für Aussichten! Sie würden der Fuchsfamilie helfen, Tante Ollis Weg zur Laube räumen und natürlich eine Moosbank bauen. Die war wichtig, eine schöne, weiche Moosbank mitten im Wald, damit die erste Singstunde bald stattfinden konnte. Bei Mutter lernte man so nebenbei singen, aber Tante Olli nahm sich Zeit und lehrte die Kinder alle Volkslieder, die sie kannte, mit allen Strophen. Mitten im hinterpommerschen Wald sangen sie dann ›O Straßburg, o Straßburg, du wunderschöne Stadt; darinnen liegt begraben so manicher Soldat‹. Wenn Anna auch nie so recht wußte, was ein ›Manicher-Soldat‹ sei, es war nicht so wichtig; den großen traurigen Bogen der Geschichte verstand sie schon, und die Melodie war schön zu hören. Sie sangen auch ›Als wir nach Frankreich zogen, da war'n wir unser drei: ein Schütze und ein Jäger und ich der Fahnenträger der schweren Reiterei‹. Das paßte schon eher in Annas Vorstellung, denn sie waren ja drei, und die Rollen ließen sich gut verteilen: Tante Olli, die schießen konnte und ein Gewehr besaß, war der Jäger; Nane der Schütze und sie selber der Fahnenträger, der die bunte, flatternde Fahne vor den schweren Pferden mit den schweren Soldaten einen Berg hinauftrug. Das Ende vom Lied – wenn die Fahne ›Herr Jesus und Marie!‹ flüstert – war auch zum Weinen traurig.
Man stellte es sich besser nicht so genau vor, son-

dern schwang sich lieber in den freudigen, stolzen Rhythmus von Tante Ollis Lieblingslied:

Die Gedanken sind frei! Wer kann sie erraten?
Sie fliehen vorbei wie nächtliche Schatten.
Kein Mensch kann sie wissen, kein Jäger erschießen.
Es bleibet dabei: Die Gedanken sind frei!

Das sangen sie auch, wenn sie alle drei zur Poststelle nach Ziegnitz wanderten. Es ging beschwingt bergab mit ›freien Gedanken‹ und einem Nußbaumstock in der Hand, der Halt gab auf dem festen, glatten Waldboden, aus dem die Baumwurzeln wie ein helles, hartes Gerippe immer wieder hervortraten.
Bald passierten sie den Tennisplatz, der nicht weit vom Haus vor langer Zeit auf einer Abstufung des Voßberges angelegt worden war. Kurz vor dem Ersten Weltkrieg, als der deutsche Kronprinz im Voßberger Schloß Quartier nahm, hatte die Königliche Hoheit auf diesem Platz mit einer jungen Frau von Mitzlaff Tennis gespielt. Aber inzwischen war der Wald vorgedrungen und der Platz sich selbst überlassen. Die schwere Walze verrostete in einer Ecke, das Netz war zerrissen, und überall zeigten sich kleine Bäumchen und Sträuchlein in den Spielfeldern. Es war ein romantischer Platz geworden.
Am Fuß des Berges verließen sie den Wald und gingen auf dem Feldweg zum Dorf hin. Ziegnitz hatte kein eigenes Postamt, aber jeden Morgen lieferte das Postauto aus Schlawe Zeitungen und Briefe in der Gastwirtschaft ab. Dort war die Poststelle, und dort gab es auch ein Telefon. An der Wand hinter dem

Biertresen lagen in einem vielfächrigen Regal die Postschaften. Die Empfänger waren der ›Person nach‹ bekannt und bekamen das Ihre ausgehändigt. Der Wirt wußte über die postalischen Ereignisse im Dorf immer als erster Bescheid.
»Heute ist nur die Zeitung für Ihnen einjetroffen, Frau Jeneralin«, sagte er denn auch gleich, als Tante Olli in die Gaststube trat, und überreichte sie ihr mit einer Verbeugung.

Im Dorf war es still. Die Leute arbeiteten draußen auf den Feldern, nur die Hühner liefen und kratzten auf der Straße herum. Stark roch man in der Mittagshitze die Dunghaufen hinter den Häusern. In ihren Nestern oben auf den Scheunendächern fütterten die Störche ihre Jungen. Bald würden die Frühäpfel am Feldweg reif sein.
Wenn sie den Wald wieder erreicht hatten und bevor die letzte steile Wegstrecke begann, nahm Tante Olli zwei durchsichtige rote Pillen ein, und auch Anna und Nane schluckten zwei Johannisbeeren, die sie in einer Blechschachtel bei sich trugen. Dann standen sie alle drei einen Augenblick still, schauten zurück auf das Dorf, das hinter den Büschen schon beinah versunken war, und rochen die blühenden Kartoffelfelder auf der einen Seite des Weges. Auf der anderen Seite hatte der Roggen Ähren angesetzt.
Bald, dachte Anna, wird er so hoch sein, daß die Kornmuhme wieder zwischen den Halmen hinschleichen kann. Was sie wohl tun würde, wenn man beim Blumenpflücken zu tief ins Feld geriete?

Sie fand die Antwort nicht, denn Tante Olli hatte sich entschlossen dem Wald zugewendet und deklamierte:
»Und also, wunderbar gestärkt, auf Phoebus' Schwingen den Berg hinan!« und folgte den vorauslaufenden Kindern, immer wieder stehenbleibend, langsam, mit kleinen Schritten.
Mutter sorgte dafür, daß ›die Ahne‹, wie sie Tante Olli liebevoll nannte, von ihren Töchtern nicht zu sehr bedrängt wurde; und sowieso verbot sich ein dreistes, aufdringliches Benehmen, weil man Tante Olli eben verehrte. Aber was wären die Voßberger Regentage ohne sie gewesen! Ohne die Riesenmuschel zum Beispiel, die Max von seiner Südseereise mitgebracht hatte. Mit Postkarten aus vieler Herren Länder bis an den Rand gefüllt, stand sie nun, wunderbar gefaltet, außen rosa-grau und innen weißfarbig, auf einer Marmorkonsole in der Diele.
»Sortiert die Postkarten doch mal nach Jahreszeiten«, hatte Tante Olli an einem Regenmorgen vorgeschlagen. »Mal sehen, welche Jahreszeit den Vogel abschießt!«
Wie sollte man sich aber entscheiden, wenn die Berge nur halb beschneit waren? Frühling oder Herbst? Und erst die Wüste! Gab es nicht auch in der Wüste mal Winter? Und woran erkannte man ihn? Der Regen, der draußen an den Fenstern herunterlief und die ganze Welt trübselig machte, war vergessen, man war ja in ganz anderen Landschaften unterwegs und in ganz andere Fragen verwickelt. Zum Schluß, längst hatte der Postkartensommer die anderen Jahreszeiten besiegt, mußte noch eine schwere Ent-

scheidung getroffen werden: Jedes Kind durfte eine Postkarte behalten, eine einzige von all den vielen verlockenden! Da saß Anna denn zwischen Raffaels Loggien (schon der Name hatte so etwas Anziehendes), Goethes Gartenhaus und dem Sommerremter der Marienburg und wählte schließlich doch ihre Lieblingstreppe aus, den Treppenberg hinauf nach Ara Coeli in Rom.
Anna und Nane waren nicht Tante Ollis einzige Verehrer. Allzu oft kam die junge Verwandtschaft angeritten und hatte Vorrechte, genau wie die älteren Herrschaften, die in der Kutsche vorfuhren. Einmal war eine Sängerin aus Berlin wochenlang zu Besuch, bei der auch Mutter Gesangstunden nahm. Die Kinder saßen auf den Stufen der Loggia, schauten in die Riesentanne und den warmen Sommertag und hörten Mutters Stimme schön und traurig:

Der Tag ging sturmbewegt und regenschwer;
ich war an manch vergessnem Grab gewesen,
die Kränze alt,
die Namen überwachsen, kaum zu lesen.

Warum nur sang Mutter ein Totenlied mitten im Sommer! Anna mußte an die Gräber im Wald denken, an den Friedhof, der so versteckt beim Eichenhochsitz an der Tychower Grenze lag, daß ihn nur einer finden konnte, der genau die beiden Wächtertannen kannte, die den Zugang mehr verbargen als begrenzten.
Dort lag der General Max von Mitzlaff begraben, und noch andere Gräber gab es, von niedrigen gußeiser-

nen Zäunchen umgrenzt, mit bescheidenen Namenstafeln. Waldblumen auf dünnen, harten Stengeln wuchsen da, Preiselbeeren, manchmal Pilze. Als Anna den Platz dreißig Jahre nach der Flucht gesucht hatte, war er unauffindbar in den Wald eingegangen.

Tante Olli konnte nicht nur schön singen, sondern auch dichten. Keine berühmten Sachen, mehr für Familienfeiern und ›Gelegenheiten‹, aber sie hatte die Ader und eine Verehrung für Poeten – genau wie Anna.
Wenn Alexander von Andreevsky, der Schriftsteller, zu Besuch kam, sagte Tante Olli alle Kindertermine ab; denn sie wollte sich ganz dem Künstler widmen, der genau so schön war, wie Anna sich einen Schriftsteller immer ausgedacht hatte: dunkles, welliges Haar über einer edlen Stirn, große dunkle Augen, ein Schnurrbart, der elegante, helle Leinenanzug und dann die weißen Deckchen über den dünnen Lederschuhen, die zwar nicht gut in den Wald paßten, aber das Ungewöhnliche seiner Erscheinung unterstrichen. Anna roch den Zigarrenrauch bis in ihr Versteck hinter der Hecke, sah ihn mit übergeschlagenen Beinen Tante Olli auf der Loggia gegenübersitzen und hörte, wie er das ›R‹ um die dunklen, russisch gefärbten Vokale rollte, während er vermutlich über den Helden seines letzten Romanes plauderte, der – aus Verehrung – Tante Ollis Geburtsnamen trug.
Alexander von Andreevsky nannte sich gern den ›russischen Vetter‹ der Familie, obwohl die Familie

diesen Verwandtschaftsgrad, der auch nicht nachgewiesen werden konnte, bezweifelte. Aber Tante Olli ließ ihn amüsiert gelten, und so erschien der russische Vetter jedes Jahr im Sommer auf dem Voßberg und ahnte nicht, wie ungeduldig Anna und ihre Geschwister den Tag seiner Abreise nach Berlin herbeiwünschten.

War er endlich da, der ersehnte Tag, wurde die Boninsche Kutsche aus Ziegnitz bestellt, die den Dichter zum nächsten Bahnhof bringen sollte. Vorher aber, darauf legte der Vetter großen Wert, mußte der alten russischen Sitte genügt werden, um das Wiedersehen gewiß zu machen: Zehn Minuten lang saß er schweigend Tante Olli gegenüber, noch eine Umarmung, einen Handkuß, aber kein Wort. Dann fuhr er endlich davon.

So ging es immer. Bis der eine Tag kam, an dem der Kutscher oder die Pferde zu langsam waren und er den Zug verpaßte.

Alexander von Andreevsky kehrte zur Enttäuschung der Kinder zurück auf den Voßberg, denn nun mußte er bis zum Abendzug warten. Zum zweiten Mal an diesem Tag erfüllte Tante Olli die russische Abschiedssitte, weil sie verstand, daß der Zauber des Rituals vom Morgen ja schon verbraucht war, und der russische Vetter doch wissen sollte, daß er nächstes Jahr wieder willkommen sein würde.

Alles an Tante Olli erschien Anna ungewöhnlich und anziehend, und so war es ganz natürlich, daß auch der Raum, in dem sie schlief, kein gewöhnliches Schlafzimmer war. Er lag oben im Haus,

und das Fenster schaute dreiflüglich nach Osten.
»Wenn ich erzählen sollte«, sagte Tante Olli einmal, als sie gemeinsam den Sonnenaufgang über der Akropolis auf einer Ansichtspostkarte betrachteten, »wenn ich erzählen sollte, wie der Morgenhimmel überm Voßberg aussieht!
Die Sonne zeigt sich ja nicht gleich, der Wald verdeckt sie noch. Aber das Licht! Es hat die Farbe von vielen, vielen Aprikosen. Und – es schmeckt auch so! Es scheint von weit, weit herzukommen wie aus einem Brunnen, aus einer Quelle im Osten, die immer mehr und mehr von der wunderbaren Farbe hervorbringt. Aber nicht lange, dann steht die Quelle still. Das Aprikosenlicht verwandelt sich. Es wird feiner, durchsichtiger, wird zu Wärme aus goldenem Gelb. Und die schwarzblauen Tücher, die Nachtwolken, segeln nach Westen ab.«
Wer wollte daran zweifeln, daß Tante Ollis Morgenhimmelfarbe auch einen Geschmack hatte! Anna nicht.
Wenn andere Leute das Aprikosenlicht nicht schmeckten, so lag es an ihnen. Tante Olli mußte es wissen, denn ihr Zimmer war nicht verdunkelt. Das Licht konnte gleich herein durch die dünnen Voile-Vorhänge, die immer die Neigung hatten zu wehen, sich zu blähen wie schöne Segel. Nur die Wandbespannung im Zimmer zeigte kräftige Farben, alles sonst war zartweiß, so als wohnte ein lichtes, durchschimmerndes Weiß selber in diesem Raum.
Kam es von der Decke? Von den Möbeln? Von den wehenden Gardinen? Oder machten das alles die

Schleier des Himmelbettes, dieses sanften, weichen, halb durchsichtigen Zeltes, unter dem Tante Olli schlief? Wer hätte das sagen können?!
Das Himmelbett jedenfalls war so richtig, so natürlich für sie, wie für andere Menschen ein gewöhnliches, himmelloses, womöglich knarrendes Holzbett.
Weiter hinten im Zimmer, da wo die Dachschräge einschnitt, gab es noch eine schmale, fast unsichtbare Tür. Sie führte zu einem Nebenraum, in dem Koffer und Reisetaschen und die Holzkiste mit den ›kleinen Schätzen‹ aufbewahrt wurden. Das waren Dosen und Döschen, Schachteln und Schächtelchen, winzige Fläschchen und Flacons, lauter zierlich Kleines, das früher mal Düfte, Pülverchen oder Pillen beherbergt hatte.
Tante Olli, die Kluge, schenkte Anna nur selten, nur bei besonderen Gelegenheiten – wenn eine ›Arbeit‹ besonders schwierig oder besonders gelungen war – eines von den Wundersächlein. Sie wußte wohl, daß der Zauber der kleinen Dinge nicht zu lange hielt, daß die Geschichten, die Anna um sie spann, sich bald verflüchtigten – wie die Dinge selber. Aber der Anfang, wenn sie aus der dunklen Kammer und einer lange vergangenen Zeit hervorgeholt wurden, hatte immer die Kraft zur Verzauberung.

Tante Olli, die so viel vom Zauber der Dinge und vom Bezaubern verstand, war auch eine Realistin. Was der Tag forderte, was sich aus einer Situation ergab, mußte bewältigt werden, aber nicht mit Gewalt, niemals klagend und gewiß nicht in ›sichtbar preußischer Pflichterfüllung‹ – soviel ihr Preußen auch bedeutete. Sie kannte ja das Geheimnis des Leichten, Heiteren, und nie fehlte ihren Problemlösungen der Humor. Als der deutsche Kronprinz in den zwanziger Jahren nach Voßberg kam, um das Grab eines ehemaligen Freundes, eines im Ersten Weltkrieg gefallenen Mitzlaff zu besuchen, war Tante Olli eine souveräne Gastgeberin. Sie erfand ihm zu Ehren ein seither in der Familie berühmtes Gericht, das ihm köstlich schmeckte; man veranstaltete Jagden, Abendeinladungen, Tennisturniere, und Tante Olli sorgte für geistvolle Unterhaltung.

Das arme Mariechen aber wirkte an der Spitze einer ungeübten Dienerschar und war deshalb der Verzweiflung nahe, als ihr mitgeteilt wurde, daß ein Kronprinzenbett täglich blütenfrische Wäsche haben müßte. Wie sollte sie auch das noch schaffen! Der Wäschevorrat war beschränkt, und es war gar nicht daran zu denken, daß sie jetzt auch noch große Wäsche waschen könnte!

Tante Olli wußte Rat.

Die Bettwäsche wurde jeden Morgen – wie es der Erwartung des Dieners seiner Königlichen Hoheit entsprach – abgezogen und ins Roll- und Plätthaus über den Hof getragen. Eine halbe Stunde später war Mariechen – wieder unter den aufmerksamen Augen des Dieners – beschäftigt, frische, duftende Wäsche über die königlichen Kissen zu ziehen.

Nur sie und Tante Olli wußten, daß es sich um dieselben Wäschestücke handelte, die vorher herausgetragen worden waren. Mariechen hatte sie nur ein bißchen eingesprengt und durch die Wäscherolle

(eine kleinere Schwester der Riesenkastenrolle vom Stolper Hof) gedreht. Das Ergebnis war überzeugend.
Tante Olli war – wie es einer ihrer Großneffen formulierte – gewissermaßen auf den Stufen des Kaiserthrons in Berlin aufgewachsen. Das war nicht nur ein Vorzug, sondern vor allem eine harte Schule in Selbstdisziplin, im Zurückstellen der eigenen Person: Man war nicht müde oder elend. Man sprach nicht über sich, man hatte dem allgemeinen Gesprächsthema sein Interesse zuzuwenden. Man war sicher in allen Formen der Gesellschaft, man beherrschte das Französische. Die junge Olga war dazu auch noch gereist und war gebildet.
Die Hofetikette wirkte immer noch, als sie, bald nach dem Kronprinzenbesuch, eine kleinere Gesellschaft zum Diner in das Voßberger Haus geladen hatte. Man saß im großen Saal unter dem Kronleuchter, der natürlich ein Petroleumleuchter war, an der Tafel, und natürlich gab es unter anderem das Kronprinzengericht. Mariechen trug auf und ab, Tante Olli führte die Unterhaltung, wie nur sie es konnte. Plötzlich rieselte Ruß vom Kronleuchter herunter, er rieselte auf die Teller und in die Gläser, aufs Tischtuch und die Köpfe der Gäste; aber man schenkte dem Vorgang weiter keine Aufmerksamkeit. Mariechen wurde beim nächsten Erscheinen beiläufig gebeten, die Dochte in den Zylindern etwas herunterzuschrauben. So geschah es. Das Gespräch lief angeregt und ungestört weiter. Man trank den Wein mit Ruß und aß das Kronprinzengericht mit Ruß. Erst als der Nachtisch aufgetragen wurde, soll Tante Olli lachend gesagt haben: Bei dieser Speise

müßte man nun auf das pikante Gewürz verzichten. Nach dem Mokka saß die Gesellschaft noch lange zusammen. Alle Gesichter waren ein wenig schwarz gepunktet, die kahlen Häupter der Herren auch. Aber niemand erwähnte das Malheur.

Es war Winter, und die Bewohner des Voßberges lebten irgendwo verstreut, als der Krieg, als die russischen Soldaten den Platz heimsuchten. Annas Familie war schon auf der Flucht, Tante Olli noch in ihrem Winterquartier bei den Freunden in Franzen. Sie war nun in ihrem achtzigsten Lebensjahr und beinahe blind. Sie hatte in Pommern bleiben wollen; aber sie wurde, wie viele andere Menschen, vertrieben. Was sie erlebte in dem einen Jahr vor der endgültigen Vertreibung war so schrecklich, so absurd, wie alles, was den Menschen damals im russisch besetzten Hinterpommern zustieß. Vielen fehlte die Kraft, es zu überstehen. Tante Olli ertrug es mit der Haltung, die ein Teil von ihr war, und bewahrte sich die schöne Gabe, neben dem Schrecklichen auch das Freundliche oder Komische und das Gute zu bemerken.
Im Jahre 1949 starb sie dreiundachtzigjährig im Diakonissenhaus in Potsdam. Sie, die wohl geglaubt hatte, neben Max von Mitzlaff einmal im hinterpommerschen Wald begraben zu werden, kehrte am Ende ihres Lebens zurück an den Ort ihrer Geburt. Sie wurde in Berlin auf dem ›Alten Jerusalemer Friedhof‹ beerdigt.

Jägerwege

Wer auf dem Voßberg lebte, der lebte mitten im Wald. Nach allen Himmelsrichtungen streckte er sich aus. Die Wiesen bildeten helle Oasen, die kleinen Seen spiegelten den Wald und den Himmel. Die allerkleinsten, in denen das Wasser beinahe stillstand, wurden langsam von den zierlichen Blättern des Entenflott und den Schilfgräsern aufgesogen. Bald würden sie zugewachsen sein. Aber der Wald hatte kein Ende.
Immer blieb es für Anna ein ängstlicher, beklemmender Augenblick, wenn Vater am Abend das Gewehr über die Schulter nahm und zur Abschiedszeremonie den Hut schwenkte: »Waidmannsheil!« riefen die Kinder und liefen ein Stück des Weges mit. »Waidmannsdank!« antwortete er und verschwand schnell hinter der nächsten Wegbiegung.
Wie konnte man sicher sein, daß er wiederkäme? Was war ein Mensch in der riesigen, dunklen Höhle des Waldes?
Manchmal begleitete Mutter ihn. Anna stand auf der Wegkreuzung und sah den Eltern nach, die so leicht

vom Wald aufgenommen wurden, als zöge sie etwas hinein.
Selbst wenn sie gleich losrennen würde, so schnell sie konnte, die Eltern wären nicht einzuholen. Wie festgebannt stand Anna auf der Wegkreuzung, wo es noch hell und warm war, und doch fror sie, als wäre plötzlich ein kalter Wind aufgekommen. Sie wollte wachbleiben, bis die Eltern wiederkämen, das war ihr Trost. Sie wollte sie vor der Nacht noch einmal bei der grünen Petroleumlampe sitzen sehen und hören, wie sie leise miteinander sprachen.
Nur wenn der Vater sie selber mit auf die Jagd nahm – was nur selten geschah und eine Auszeichnung war – wurde die Angst zu nichts. Freiwillig zog sie die schweren Schuhe an und knöpfte den Lodenmantel von oben bis unten sorgsam zu, damit kein Reh ihr helles Sommerkleid entdecken könnte. Mit Herzklopfen beobachtete sie Vaters Vorbereitungen. Zuerst die Patronen, sie klapperten gegeneinander, wenn sie in die Jackentasche fielen, dann hängte er das Fernglas um den Hals, nahm das Gewehr über die eine Schulter, den Rucksack mit Mantel und Abendbrotstullen auf die andere. Als letztes hob er Hut und Stock vom Garderobenhaken und ging voraus durch die große Küche, wo Mutter stand und den Brei für die kleinen Geschwister kochte. »Waidmannsheil!« riefen die Zurückbleibenden, und sie winkten noch einmal zurück, bevor sie auf leisen Sohlen den schmalen Weg einschlugen, der nach Osten den Berg hinabführte.
»Du gehst in meinem Schritt«, hatte Vater zu Anna gesagt. »Und du stehst, wenn ich stehe. Du hustest

nicht und sprichst kein Wort. Es muß sein, als ob wir gar nicht da wären.«
Annas Herz klopfte hart, nicht so sehr wegen der Anstrengung, mit Vaters Schritten Schritt zu halten, sondern weil sie dies seltene selbstverständliche Einssein mit ihm aus der Fassung brachte. Ein Schritt – ein Atem. Das war es! Und viel schöner, als wenn er ihr ein Lob gesagt hätte.
Und um sie beide – der Wald mit seinen Abendstimmen, nicht eine dunkle Riesenhöhle, die Menschen einsaugt, sondern ein ruhiges, sanftes Land, das den Abend erwartet. Unten am Berg kamen sie auf den breiteren Weg; sie waren nun näher am Dorf. Man hörte Menschen- und Maschinenstimmen; hier würden sie kein Wild sehen. Sie näherten sich dem Stein des Generals von Mitzlaff. Vater nahm den Hut ab, und dicht nebeneinander stehend lasen sie:
Im Walde steht geschrieben
Ein stilles ernstes Wort
Vom rechten Tun und Lieben
Und was der Menschen Hort ...
Sie traten auf die Wiese hinaus. Noch lag sie in der warmen Sonne, und die Leute aus dem Dorf luden das letzte Heu mit langen Gabeln auf einen hochgepackten Wagen. Dann waren sie wieder allein, überquerten die Chaussee, ohne daß sich ein Auto gezeigt hätte, und gingen ruhig weiter durch den hohen Kiefernwald bis zur Kreuzbrücke. Nicht weit von ihr, an einer lang hingestreckten Lichtung, stand der Hochsitz.
Langsam war es Abend geworden, ein heller Sommerabend. Schon eine halbe Stunde gingen sie so

hintereinander. Die Gedanken und Empfindungen fügten sich spannungslos in den friedlichen Rhythmus ihrer Schritte.
Da spürte Annas Stirn plötzlich Vaters kratzigen Lodenmantel, und beinahe hätte sie ihr Gleichgewicht verloren durch den unvermuteten Aufprall. Vater war wie angewurzelt stehengeblieben und suchte, noch im Sichtschutz der hohen Bäume mit dem Fernglas die Lichtung ab, die nun vor ihnen lag. Es war der Platz, auf den, wenn alle Beobachtungen stimmten, am späten Abend ein starker Rehbock heraustreten würde, um zu äsen. Und dann würde Vater ihn schießen!
Sie kletterten die lange Leiter zum Hochsitz hinauf: Anna voran, der Vater, zum Schutz für sie, folgte in dichtem Abstand. »Gleich hinsetzen, oben!« flüsterte er hinter ihr.
Unten war die Leiter breit und gut gestützt, aber nach oben wurde sie immer schmaler und schwankender. ›Nicht hinuntergucken‹, dachte Anna, ›immer weiter hinauf bis dorthin, wo sich schon die offene Kanzel zeigt.‹
Alles muß nun langsam und überlegt geschehen. Vielleicht tritt in diesem Augenblick der Rehbock aus dem Wald auf die Lichtung heraus. Eine plötzliche Bewegung würde ihn sofort verscheuchen. Im Zeitlupentempo läßt Vater den Rucksack auf den Bretterboden der Kanzel gleiten. Er öffnet ihn, damit sie später leicht an das Abendbrot herankommen. Den Mantel legt er neben Anna auf die Bank. Langsam und sorgfältig arbeiten seine Hände, während die Augen unablässig die Lichtung absuchen. Jetzt

schiebt die rechte Hand zwei Patronen in den Gewehrlauf, nur ganz leise klickt der Verschluß; und nun greift die linke Hand auch zu und, während Vaters Augen ganz woanders sind, heben seine Hände das Gewehr vorsichtig in die rechte Ecke der Kanzel und stellen es leise ab.
Anna fühlt eine Gänsehaut auf Armen und Schultern, als Vater den Hut nach hinten schiebt, das Fernglas ansetzt und die gefährlichen Riesenaugen mit unerbittlicher Aufmerksamkeit über die Lichtung gleiten läßt.
»Noch nichts«, sagt er schließlich leise, »aber der Wind steht gut, wir können uns noch eine Zigarette gegen die Mücken genehmigen. Laß du mal inzwischen dein Adlerauge wandern, damit uns nichts entgeht.«
Anna wurde es wieder warm ums Herz, sie war wieder ganz bei Vater und konnte fühlen, wie glücklich er gerade war. Obwohl das geladene Gewehr vor ihnen stand, obwohl die Spannung des Jägers ihn umgab, noch stärker spürte sie dies beglückte ruhige Angekommensein oder Mittendrinsein in etwas, das ihn umgab, das er sehr lieben mußte.
Kannte sie das damals schon? Oder lernte sie es gerade da? Das Hineingelangen in die Natur, in das geheimnisvolle Ganze? Wie das Licht blasser wurde, aber wie vor ihrem Untergang die Sonne noch ein letztes Mal zwischen den Baumkronen hindurch die Lichtung fand und sie mit Farbe und Wärme füllte! Da war nun auch sie mittendrin für einen Augenblick, von dem keiner sagen kann, wie lang oder kurz er dauerte; aber gegen alle Menschenvernunft war er

nicht beschattet von dem eben Vergangenen und nicht bedrängt vom Zukünftigen.
Bald zogen Streifen aus Bodennebel unvermerkt zwischen das Heidekraut, zwischen einzelne Büsche und kleine Kiefern. Der Wald wurde schwarz.
Anna bohrte ihre Augen in den Schattenrand vor den aufsteigenden Bäumen. Bewegte sich da nicht etwas? Sie machte eine unwillkürliche Bewegung zu Vater hin, der schon das Glas in die gleiche Richtung hob. Während die eine Hand noch das Glas hielt, es vorsichtig wieder herunternahm, griff die andere schon nach dem Gewehr, schob es vorsichtig über die Brüstung in den Anschlag. Der Sicherungshahn klickte.
Anna erstarrte, saß da wie zuvor und fühlte sich doch krumm und wie zusammengeschnürt von der Angst, Vater könnte schießen. Es könnte ein Tier getötet werden.
Ja, er war ein Jäger. Und zum Jäger gehört das Töten. Sie wußte es. Wie oft schon hatte der Bauer Unnasch auf seinem Leiterwagen ein Reh, einen Rehbock oder sogar einen Hirsch mit seinem riesigen Geweih ans Haus herangefahren. Wenn die Männer die Tiere in den Keller schleppten, stand sie daneben, sah die schönen Tierköpfe mit den offenen toten Augen hin- und herbaumeln und fühlte sich elend. Da war sie ausgeschlossen, denn die andern strahlten und freuten sich mit den Jägern.
Wie lange saß Vater schon so neben ihr und hielt das Gewehr im Anschlag? Anna versuchte den Rehbock mit den Augen wiederzufinden, aber er war verschwunden.

»Er ist hinter eine Tanne gezogen«, sagte Vater, »wir müssen warten. Wenn er nicht bald kommt, ist das Büchsenlicht weg.«
Wieder saßen sie ganz still. Nur die Augen suchten unaufhörlich und angestrengt den Waldrand ab. Das Zwielicht nahm zu und rückte alles ins Ungewisse, verwischte die Farben und vergrößerte die kleinen Dinge. Der Rehbock zeigte sich nicht mehr.
Beim Abstieg ging Vater voran. »Bist du traurig?« fragte Anna und sah zu ihm hinunter.
Aber Vater war nicht traurig. »Morgen ist auch noch ein Tag«, sagte er und gab ihr die Hand, damit sie sicher auf dem Boden landete. Jetzt durfte sie dicht neben Vater gehen und reden, so viel sie nur wollte. Unten zwischen den Bäumen war es dunkler als oben auf dem Hochsitz, aber sie kannten den Weg ganz genau.
»Fürchtest du dich manchmal auch?« fragte Anna ihren Vater. »Ja, doch! Gar nicht so selten, aber meistens dauert es nicht lange. Ich habe nämlich – vor vielen Jahren schon – etwas Wichtiges gelernt, das hilft mir immer noch.«
Und dann erzählte Vater, wie er als Vierzehnjähriger eines Abends von Holzkathen nach Klucken gegangen war, um seinen Freund Karl Drews zu besuchen:
»Ich marschierte immer munter die Straße entlang. Kein Fuhrwerk war mehr unterwegs und langsam wurde es dunkel. Bald ließ ich das freie Feld hinter mir, und der Laubwald verfinsterte meinen Weg so sehr, daß es richtig unheimlich wurde. Kein Licht weit und breit und keine Spur von einem Menschen. Nach fünf Kilometern, das wußte ich genau, mußte

ich auf der linken Seite den kleinen Kluckener Friedhof passieren. Ich hatte ihn eigentlich gern. Einmal, an einem sonnigen Morgen, war ich mit meinem Vater da vorbeigekommen. Wir waren eingetreten, hatten die Namen auf den verschnörkelten gußeisernen Kreuzen gelesen und uns an die Menschen erinnert, die da begraben lagen. Der friedliche, sonnige Platz hatte mir richtig gut gefallen. Aber nun war ich allein, es war schon ganz dunkel geworden, und ich fühlte mich überhaupt nicht behaglich. So schnell ich konnte, wollte ich an den Kreuzen vorbeigehen, mir ein Liedchen pfeifen und keinen Blick nach links werfen. Ich hatte mir fest vorgenommen, nichts als Bäume zu sehen.
Du kannst dir natürlich vorstellen«, sagte Vater, »auch ohne nach links zu gucken, merkte ich ganz genau, wo der Friedhof anfing. Ich begann zu laufen, denn ich fürchtete mich entsetzlich. Ich weiß nicht, wovor. Aber es war so. Wenn sich nur wenigstens ein einziges Licht vor mir gezeigt hätte! Ich guckte starr nach vorn. Nur nicht nachgeben! Gleich hinter der Kurve würde ich das Dorf sehen. Vielleicht sogar einen Menschen!
Aber ich schaffte es nicht. Im allerletzten Moment drehte sich der Kopf wie von selber nach links. Ich konnte nicht anders.
Und da sah ich es dann. Es war so gruselig, wie in den schlimmsten Schauergeschichten: Von einem der Kreuze, es gab keinen Zweifel, winkte mir etwas zu. Es war ein Arm mit einem hellen, weiten Ärmel.
Ich rannte los, als wären dreizehn Teufel hinter mir her. Und ich konnte gut rennen! Klatschnaß ge-

schwitzt kam ich bei meinem Freund Karl an. Was hatte ich ihn, der schon Student in Greifswald war, alles fragen wollen! Das war doch eine Welt, die mich brennend interessierte: die Universität, die Professoren und die Vorlesungen. Karl erzählte denn auch ausführlich von allem, aber ich war ein schlechter Zuhörer. Immer sah ich die Hand vom Grabkreuz mir zuwinken.

Als es Zeit war, nach Hause zu gehen, meinte Karl: ›Ich bring' dich noch bis zum Friedhof. Das ist ungefähr die halbe Strecke.‹ Mir fiel ein Stein vom Herzen: Diesmal würden wir keine Gespenster sehen. Aber weit gefehlt! Als wir den Ort erreicht hatten, winkte es wieder. Auch Karl wurde aufmerksam: ›Guck mal, als ob da einer aus dem Grab gestiegen wäre‹, sagte er, ›direkt gruselig! Komm, wir sehn mal nach, was das ist!‹

Na, da sahen wir es denn: Ein großes Stück Seidenpapier, in dem wohl mal ein Strauß eingewickelt war, hatte sich an einem Kreuz verfangen und wehte im Abendwind auf und ab.

›Man muß die Gespenster nur angucken‹, sagte Karl, als wir wieder zur Staße zurückgingen, ›dann lösen sie sich meistens in Luft auf.‹«

›Oder in Seidenpapier‹, dachte Anna und war froh über das Ende der Geschichte.

»Vergiß es nicht, wenn du dich einmal sehr fürchtest«, sagte Vater und faßte Annas Hand: »Gespenster muß man angucken. Sie werden sich vor deinem klaren Blick fast immer zu nichts verflüchtigen.«

»Und die anderen, Vater?«

»Vor denen muß uns Gott bewahren.«

Es war Anna, als wäre sie nach einer wunderbaren, langen Reise, die auch durch ein nicht ungefährliches Land geführt hatte, wieder heimgekehrt. Oben im Haus brannte eine Petroleumlampe.
»Ihr habt ja gar nichts gegessen!« sagte Mutter, als Vater den Rucksack auspackte.
»Nichts gegessen und nichts geschossen! Aber wir sind trotzdem froh, nicht Große?«
Anna hängte ihren Lodenmantel an den Haken im Flur, blieb noch einen Moment stehen und sah zurück auf Mutter und Vater. Gleich würde Vater, wie nur er es konnte, seine Erzählung vom Abend im Wald beginnen. Jeder knackende Zweig würde einen dramatischen Akzent geben, jeder Schrei des Eichelhähers das Herz klopfen lassen. Er würde von den Verwandlungen des Lichtes sprechen, von den Bewegungen des Wildes; das ganze geliebte Schauspiel würde er Mutter vor Augen führen, und sie würde amüsiert und teilnehmend zuhören, wie sie es immer tat.
Ganz warm vor Glück und Müdigkeit stieg Anna die knarrende Treppe hinauf zu den Geschwistern, die schon lange schliefen.

Das Gewitter

Voßberg war eine geliebte Sommerwohnung.
Aber die Menschen, die dort lebten, haben auch erfahren, daß dieser Platz, über dem ein besonders glücklicher Stern zu stehen schien, heimgesucht werden konnte, heimgesucht von einem Feind, gegen den keine noch so hohe Mauer schützte.
Das geschah, wenn sich unter der Augusthitze, unter der scheinbaren Bewegungslosigkeit vieler glühender Augusttage gefährliche unsichtbare Kräfte zusammenballten und ein Gewitter vorbereiteten.
Unvergeßlich bleibt die eine Nacht, die schlimmste von allen.
Schon am Morgen hatte man fühlen können, daß dieser Tag anders war als die heißen, wolkenlosen vor ihm. Wohl stand der Wald genau so still und durstig da wie gestern, aber der Schlangenweg, sonst schon gefährlich genug, schien an diesem Mittag von entsetzlich vielen, giftigen Augen belauert zu werden. Eine Drohung war zu spüren. Sie machte die

Menschen unruhig und ziellos. Am Abend stand die kleine Wolke am Horizont.

Es geschah aber weiter gar nichts. Nur das Haus, von der Hitze leicht geworden, knackte manchmal in der Stille, knisterte wie von kleinen Explosionen. Kein Hauch war zu spüren von dem erfrischenden Wind, der sonst am Abend den Berg heraufkam. Schließlich waren die Kinder wie betäubt eingeschlafen.

Die Eltern saßen bei der Lampe und hörten das sonderbare Wehen, das wie eine hohe Flöte einsetzte, die Spitzen der Bäume kaum merklich hin- und herschob und die tieferen Zweige erschauern ließ. Dann sahen sie auch die kleine Wolke sich aufblähen und in ihren riesigen Bauch andere böse Luftgebilde hereinschlucken.

Plötzlich bauschten sich die Gardinen im kurzatmigen Wind, die Fensterhaken arbeiteten gegen das Holz, und in der Ferne fuhr ein Wetterleuchten über den Himmel.

Während Vater Fenster und Türen sicherte, kam Mutter mitten in der Nacht, um die Kinder zu wecken. Anna hockte auf ihrem Bett und sah zu, wie die kleinen Geschwister angezogen wurden. Wie Puppen wurden sie in ihre Kleider gesteckt. Immer fielen die Ärmchen wieder herunter, die doch in die Strickjacken schlüpfen sollten. Wie Puppen wurden sie auf Vaters Arm nach unten ins große Zimmer getragen. Anna zog die Decke über die Schultern und blieb, als ob ein lähmender Traum sie in seinem Bann hielt, auf dem Bettrand sitzen.

Wie der Wind in den Eichen heulte und wütete und den einen langen Zweig, der längst schon abgesägt

werden sollte, auf das Dach schlug. ›Vor den Eichen soll man weichen!‹ sagten die Gewittersachverständigen. ›Niemals unter einer Eiche Schutz suchen, sie saugen den Blitz an!‹
Aber das Voßberger Haus hatte sich unter sechs große Eichen gestellt. Und es war ganz aus Holz. Wie das brennen würde! Wieviele Gewittergeschichten hatten die Mädchen in der Küche erzählt! Daß der Blitz sich die Leute aussucht und sie verfolgt. Nie könnte man ihm entkommen, wenn er so sein wollte.
»Aber der böseste Blitz von allen ist der Kugelblitz!« hatte Betty gesagt. »Plötzlich steht er vor einem geöffneten Fenster, schwebt herein, als eine riesige, weißleuchtende Kugel, und explodiert mitten im Zimmer.«
»Kann man denn gar nichts gegen ein Gewitter tun?«
»Doch, man kann zum Beispiel zählen. Dann weiß man wenigstens, wie nahe es ist.«
Mit dem nächsten Blitz, der die Gardine bunt aufleuchten ließ, begann Anna zu zählen. Jede Zahl zwischen Blitz und Donner bedeutete eine Sekunde, und drei Sekunden bedeuteten einen Kilometer Abstand zwischen Haus und Gewitter, zwischen den Menschen und der Gefahr.
Bis zur Acht war Anna nach dem Blitz gekommen, als das Rollen und Brummen hinterm Wald hörbar wurde. Noch war das Gewitter mehr als zwei Kilometer entfernt. Lag es überm Dorf? Oder jenseits der Chaussee am Schlangenweg? Sie wollte nach unten zu den andern! Automatisch finden ihre Füße die Stufen. Aber die Augen werden wie immer von den

Bildern angezogen, die im Treppenhaus aufgehängt sind. Wie in einem Schreckenskabinett leuchten sie unter den Blitzen grell auf und verschwinden wieder im Dunkel. Auf alten Stichen ist das ›Märchen von den sechs Schwänen‹ dargestellt: Zuerst die Verwandlung der unglücklichen Brüder. Die böse Stiefmutter hat ihnen die Hexenhemdchen übergeworfen und sie in Schwäne verzaubert. Nur die Schwester bleibt als einzige unentdeckt und verschont. Im Wald verborgen näht sie sechs Sternblumenhemdchen, darf sechs Jahre lang nicht sprechen und nicht lachen, wenn sie die Brüder erlösen will.
Ein junger König findet sie auf dem dritten Bild im tiefen Wald und nimmt sie zur Frau, weil sie so schön und so seltsam ist. Aber sie wird schrecklich verleumdet und verliert das Vertrauen des Königs.
Auf dem fünften Bild ist schon der Scheiterhaufen angezündet. In ihren weit vorgestreckten Händen hält die zum Tode Verurteilte die sechs Sternblumenhemdchen, denn gerade sind die sechs Jahre um, und von ferne kommen die Schwäne herangeflogen.
Auf dem letzten Bild stehen die Brüder, wieder in Menschen verwandelt, um die Schwester, die sie und sich selber gerettet hat. Alles ist gut.

Unten im Saal trifft Anna alle dicht beieinander sitzend. Die grüne Lampe wirft einen sanften Lichtkreis auf die Tischdecke. Sie hockt sich, weil bei den Eltern auf dem Sofa kein Platz mehr ist, so nah wie möglich an Vaters Seite und hört ihm zu, wie er die kleine Schwester mit Rauneworten tröstet.
Sie hatte das Zählen vergessen. Aber sie weiß es

doch: Nicht mehr im Dorf, nicht am Schlangenweg droht das Gewitter, sondern ganz nah, ganz furchtbar dicht neben ihnen.
Ob es die schwarzen Fensterscheiben einfach zerschlagen wird? Ob es von der Seite hereinstürzt? Oder von oben, durchs Dach, Feuer herunterschüttet und alles in Glut verwandelt? Oder wird plötzlich der böseste von allen, der Kugelblitz, vor der Glastüre erscheinen und schweben und lauern?
Da öffnet sich am Ende des Saals die Verbindungstür zum Westflügel: Tante Olli kommt herein mit einem Plaid überm Arm und einer Art Hebammentasche wie jemand, der auf Reisen gehen will.
»Wir wollen es zusammen ertragen«, sagt sie, »vielleicht hilft's.«
Sie sitzt Anna gegenüber und hat die Hände im Schoß leicht übereinandergelegt. Ob sie betet?
Jetzt ist es da! Blitz und Donner stürzen übereinander! Man hört sowas wie Schüsse und Peitschenknallen. Feuerfetzen und splitterndes Licht rasen durch die Bäume vorm Haus, als sollte der ganze Wald und alles mit ihm zerfetzt werden. Warum laufen wir nicht? denkt Anna. Raus! Weg! Weit weg!
Immer noch liegen die Hände der alten Frau ruhig da, während Anna von der Angst eingeschnürt wird: Arme, Beine, Herz, Hals, die Zunge, der Atem – alles wie von einer Riesenkraft zusammengepreßt. Nur die Ohren, die Ohren hören noch, hören, daß jemand singt. Mutter ist es. Sie singt mitten in den Schrecken hinein ihr Lieblingslied: ›Wer recht in Freuden wandern will, der geh der Sonn' entgegen!‹
So etwas Falsches! Es macht Anna wütend. Was will

sie damit? Aber Tante Olli stimmt ein, als wäre es das einzig Richtige. Und Vater, der nie eine Melodie halten kann, singt begeistert: ›Wie ist der Wald so kirchenstill, kein Lüftchen mag sich regen.‹
Als Mutter unter der Lampe zu Anna rüberschaut, singt sie auch mit. Es ist das falsche Lied, was soll es helfen! Und doch lösen sich die Angstschnüre von ihrem Hals, von ihrer Brust.
›Die ganze Welt ist wie ein Buch‹, singt Anna, ›darin uns aufgeschrieben in bunten Zeilen manch ein Spruch, wie Gott uns treu geblieben.‹
Sie kann wieder atmen. Und dann hört sie noch etwas anderes als das Lied, einen anderen Ton. Ein leichtes Klopfen zuerst, ein Pochen, das zum Schlagen, dann zum Trommeln wird und zuletzt zum rauschenden, brausenden Regen. Übers Dach strömt er herunter, zieht Glitzerbahnen über die schwarzen Scheiben, bringt die Regenrinne zum Überfließen. Alles wird naß. Wird durch und durch naß und kann nicht mehr brennen.
Wie es den Hohlweg herunterstürzen wird, denkt Anna. Ganz glatt wird der helle Sand morgen früh aussehen, ganz glattgestrichen vom breiten Wasserstrom. Und Pilze werden wachsen. Viele feste, kleine Pilze werden sich aus dem feuchten Boden drücken.
»Gute Nacht! Gute Nacht!« ruft Tante Olli halb singend. »Wir haben noch ein paar wundervolle Stunden zum Schlafen.« Und entschwebt mit Plaid und Tasche in den Westflügel.
Es ist vorüber. Etwas Schreckliches ist, nicht ohne sie zu berühren, aber ohne sie zu treffen, gnädig vorübergegangen. Alles löst sich auf.

Als letzte steigt Anna die Treppe zu den Schlafzimmern hinauf und beleuchtet mit ihrer roten Taschenlampe noch einmal ihr Lieblingsbild: Die Schwester hat den Brüdern die Sternblumenhemden übergeworfen. Alle sind erlöst, gerettet! Nur der jüngste Schwanenbruder konnte, weil sein Hemd erst einen Ärmel hatte, nicht mehr ganz zurückverwandelt werden. Sein linker Arm ist immer noch ein Flügel. Aber das ist in Ordnung. Das wirklich Schreckliche darf gar nicht spurlos verschwinden.
Im Schlafzimmer steht Vater am weit geöffneten Fenster. Aus dem nassen Wald weht es kühl und frisch herein. Ob er auch Angst gehabt hat?
Ganz fest drückt Anna sich an seinen Rücken. Alles ist wieder gut.
»Hörst du's?« fragt er.
»Ja!« Sie hört es! Sie hört es: Hinter vielen regentropfenden Bäumen, irgendwo weit hinten grummelt ein schwächliches Gewitter.

Zu Ende

Ende August 1939, als der Krieg schon beinahe sichtbar über dem Horizont stand, kehrten Annas Eltern von einer Reise nach Königsberg und zu den masurischen Seen überstürzt nach Hause zurück.
In den ostpreußischen Wäldern – erzählte Mutter später – wäre das Heimweh nach Voßberg so unwiderstehlich über sie gekommen, daß sie einfach hätten umkehren müssen und ohne Kinder und den üblichen Umstand nach Voßberg gefahren wären. Sorge und Unruhe, die das Kriegsgespenst verbreitete, seien nicht gebannt gewesen, aber der geliebte, vertraute Rhythmus dieses Lebens hätte sie wie immer aufgenommen. Jeden Tag hätten sie mit dem wachesten Bewußtsein in seiner Schönheit und in seinem Frieden erlebt, als wäre er nur für sie geschaffen worden.
Am 31. August seien plötzlich Mutters Bruder und seine Frau erschienen, so wie man sich zusammenfindet, wenn eine unbekannte, schreckliche Bedrohung ganz nah herangerückt ist. In der Nacht dieses Tages, es war heller Mond, hätten sie draußen geses-

sen, geredet, geschwiegen in einer merkwürdig gelösten – von der Wirklichkeit losgelösten – Stimmung. Plötzlich wären sie irrsinnig lustig geworden; gar nicht so sehr vom Wein, den sie getrunken hätten, sondern aus einem anderen unerklärlichen Grund: wild und albern. Sie hätten Mutters Bruder in den kleinen Leiterwagen mit der roten Deichsel gesetzt und den großen Mann ums Haus gezogen und geschoben und dabei alle Jägerlieder gesungen, die ihnen einfielen.
Außer Atem und auf einmal ganz in sich gekehrt, wären sie zu Ende gekommen. Sie hätten nebeneinander am Rande des kleinen Plateaus gestanden, da wo der Berg steil abfällt. Der Mond wäre immer noch über ihnen gewesen. Schwarz und noch ehrwürdiger als sonst hätte die Große-Tanne sich vor ihnen aufgerichtet, und in wunderbarer Klarheit und eingebettet in ihren eigenen Frieden hätten Wiese und Wälder ihnen zu Füßen gelegen.
Am Morgen brachte ein Bote aus dem Dorf den Gestellungsbefehl für die Männer.
Es war Krieg!
Es war Krieg, und das Verlieren hatte schon angefangen.
Wie leicht gehen große Dinge verloren!
Sie merkten es nicht, als sie in der Januarnacht 1945 an den Voßberger Wäldern vorüberfuhren – nach Westen, immer weiter fort nach Westen. Nicht Mutter, nicht Anna, niemand spürte es, niemand protestierte. Sie waren Flüchtlinge und wollten weiter. Drinnen im Lastwagen war es dunkel, draußen fiel Schnee, und der Holzgasgenerator drohte auszufallen.

So leicht gehen die großen Dinge verloren: der Wald und das Haus, Winter- und Sommerwege versanken unterm Schnee.
Die Bilder blieben. Flüchtige, schwankende Bilder der Erinnerung, die sich bald riesengroß aufblähten, bald auf das Format von Ansichtspostkarten schrumpften, wie Tante Olli sie in ihrer Südseemuschel aufbewahrt hatte.
Nicht mehr lange, dann würden sie anfangen, Geschichten von Zuhause zu erzählen.

Annas Epilog

Einmal bin ich in meine Stadt zurückgefahren; sie hat jetzt einen polnischen Namen. Mein deutsches Elternhaus steht da noch; es ist jetzt polnisches Einwohnermeldeamt geworden.
Ich bin die Treppe hinaufgestiegen in den zweiten Stock und wie ein Traumwandler fünfunddreißig Jahre später in mein Kinderzimmer getreten.
»Hier meldet sich ein Einwohner!« hatte ich dem polnischen Beamten sagen wollen, »trag mich ein in dein Register!«
Statt dessen habe ich, als der Mann mich freundlich anlächelte, zurückgelächelt und mich verabschiedet.

Ich wollte den Ort suchen, wo mein Großvater als junger Mensch Lehrer in einer kleinen Schule war. Alle Lieblingsgeschichten meiner Kinderzeit hatten da gespielt.
Aber ich fuhr, ohne es zu merken, an seinem Dorf vorbei. Es war der rechte Ort nicht mehr.

Für jeden Menschen gibt es in der Erinnerung einen

Platz, den er allen anderen vorzieht. Da, denkt er, wächst das Heilkraut für alle Wunden. Da entspringt eine Quelle, die das Herz mit Freude tränkt.
Mein Platz ist ein Berg, ein kleiner Berg. Ein Holzhaus steht darauf, von Eichen beschützt, von Kiefernwäldern gewärmt. Ein See liegt allein mitten im Wald.

Am Schlangenweg steht ein Stein, den die Generalin da aufrichten ließ, wo ihr Mann an einem Sommermorgen gestorben war.
Das Haus ist im Krieg verbrannt. Der See, von all zu vielen Menschen entdeckt, trägt einen polnischen Namen. Der Wald hat seine Gestalt nicht mehr.
Nur der Stein steht immer noch da und erinnert mich an einen Toten, den ich nie gekannt habe.

Von einem offiziellen Picknickplatz, nicht weit von der großen Wanderdüne, biegt ein Weg ab, den ich vorher nie gegangen war.
Ich folgte dem fremden Weg und fühlte plötzlich wie früher den Boden unter mir. Fest und federnd, trokken und kraftvoll. Waldgräser bewegten sich lautlos in der Sonne, und aus der Erde stieg ein wunderbarer, vertrauter Geruch. Etwas vom letzten Regen war noch darin, von Tannennadeln und Birkenblättern, etwas von Pilzen und Harz duftete dazwischen.
Das alles floß zu mir hin, umgab mich und stieg mit der Wärme des Sommertages hinauf in den blauen durchsonnten Himmel.
Da war ich auf einem fremden Weg zu Hause angekommen.